思い出すと心がざわつく

こわれた関係のなおし方

イルセ・サン
浦谷計子 訳

Discover

はじめに

もし、親しかった誰かと疎遠になったまま、そのことを放置してきたとしたら、どうすれば、その人とのあいだに信頼を取り戻し、わだかまりを解消できるでしょうか？

たとえば、家族や友人で、会えなくなってしまった人はいませんか？　あるいは、会ってはいるけれど――いえ、一緒に暮らしてさえいるのに――昔のように素直で温かいつながりを感じられなくなった人は？

私は牧師として、またのちに心理療法士として、人間関係にまつわるさまざまな悩みに耳を傾けてきました。

そのなかで気づいたのは、**これてしまった人間関係を修復する手立てを知らない人が多い**ということです。関係を修復するというと、つい、自分の言い分を伝えることのように思いがちですが、その種の説明はむしろ事態を悪化させかねません。釈明や弁明よりも、はるかに有効な方法があるのです。

本書では、うまくいかなくなった人間関係を回復・改善するためのさまざまな手立てをご紹介していきます。具体的な事例を引き合いに出しながら、シチュエーションごとに役立つフレーズや表現を盛り込んでいます。

各章末のエクササイズは、あなた自身の考えや感情、そしてあなたの人間関係の課題をより明確に把握するためのものです。感情を揺さぶるようなエクササイズもありますから、取り組む前に、話し相手になってくれそうな友だち（第三者）を見つけておくことをおすすめします。

最初から最後まで読んでくださってもいいし、自分に当てはまる部分を拾い読みしてくださってもかまいません。目次と各章末のまとめを見れば、必要な情報がどこに書かれているかがわかるでしょう。

人間は、一生のあいだ、変化しながら成長していくものです。ある人との友情が変質し薄れていく一方で、別の人とのあいだに友情が芽生えたりもします。それはいたって自然なことなのです。

本書はあなたに、何がなんでも過去にしがみついているようにおすすめするものではありません。けれども、**思い違いやいさかいのせいで、こわれた人間関係にけじめをつけずにいるとしたら、今一度立ち止まって、関係修復のための手立てがないか考え直してみるだけの意味はある**でしょう。

基本的に私は、人間関係は維持するべきものだと考えています。

一度は投げ出してしまったような関係でも、やり直す方法があるということに気づいてほしくて、この本を書きました。

ただし、どんな人間関係でも続けていくことが最善の道だとは言いません。ときには、相手との関係を手放すことが、自分自身の幸福のために必要であったり、痛手を最小限にとどめたりする場合もあるのです。関係を終わらせるほうがよい

（あるいはよくない）ケースについては、Ｐ２０５の第12章で述べていますので、参考にしてください。

本書で取り上げる事例は、私が牧師としてカウンセリングを行っていた頃のことや、その後、心理療法士としてカップル療法に従事したり、親子関係の修復の手助けをしたりするなかで耳にした人間関係にまつわるさまざまな悩みごとがもとになっています。また、私自身の経験も含まれていますが、そのいきさつはＰ14の「プロローグ」に書きました。

巻末には、特別な診断テストをご用意しました。疎遠になってしまった人に対してアプローチしようという、あなたの意欲の度合いを測るためのものです。現時点での自分の心構えがどれくらいのものかを、知る手がかりになるでしょう。

２０２０年２月　イルセ・サン

はじめに――2
プロローグ　私たちは、人間関係によって、幸せにも不幸にもなれる――14

第1章

やり残した人間関係の宿題に取り組む

こじれた人間関係が長引く「よくある言い訳」――20
「よくある言い訳」を疑ってみる――22
言い訳❶　その気があるなら、向こうからコンタクトしてくるはずだ――22
言い訳❷　相手は私に腹を立てているのだろう――23
言い訳❸　手を打つならもっと前にやっておくべきだった。もう手遅れだ――23
言い訳❹　こちらからすり寄ったりしたら、弱い人間と思われそうだ――24
言い訳❺　こちらから連絡を取って拒絶されたら、自分から動いたことを後悔して、最悪な気持ちになりそうだ――24
言い訳❻　「連絡しないでほしい」と言われたから、私からはコンタクトできない――25
言い訳❼　相手から働きかけてくるほうが理にかなっている――26
言い訳❽　相手が私とかかわりたくないのなら、それでもかまわない。どうでもいいことだ。私にとって、そんなに大切な人ではないのだ――28

エクササイズ 相手との問題を客観視する――31

第2章
相手に対する自分の願いを掘り起こす

ややもやとざわつく感情と向き合う――34
・相手に対する自分の感情を把握するために、「別れの手紙」を書く――35
・別れの場面を想像して相手への執着を手放す――39
「ほんとうは相手に言ってほしいこと」を掘り下げる――42
・相手に聞かせたいことを、言葉にして出す――46
・言葉にすることで、気持ちを整理する――47
エクササイズ 相手への願いを言葉にする――49

第3章
自分のなかの抵抗、怒り、いらだちを見つめる

怒りのレベルを自覚する――52
心のざわつきの「正体」に気づく――54
怒りの裏に隠れた繊細な感情を表現する――57

誰に対する怒りなのか見極める――61
他者の怒りは他者のもの　必要以上に共感しない――66
エクササイズ　自分の感情を表現する――69

第4章

相手には相手の視点があるということを認める

自分だけが正しいわけじゃない　「真実」に向き合う――72
相手の立場や背景を想像してみる――75
自分の物語と違っていても、相手の物語を受け止める――79
違っていることを恐れず、表現する――82
エクササイズ　相手の視点で考える練習――85

第5章

はじめの一歩　相手との接点をつくる

準備ができたら、コンタクトをとろう――88
・アプローチ方法は、相手と状況にあわせて選ぶ――90
・一緒にやりたいことを提案する――93

エクササイズ　アプローチの計画を立てる――95

第6章
仲がこじれた理由を率直に話し合う

自分を正当化するような事情は、決して説明をしない――98
今この瞬間に感じていることを話す――102
・先に自分から伝える――104
・相手に寄り添う言葉をかけて警戒心を解く――106
・相手との距離感を見極める――110
エクササイズ　率直に話し合うイメージトレーニング――111

第7章
聞きたくなかったことだとしても相手の言葉に耳を傾ける

相手の「言えずにいたネガティブな感情」に耳を傾ける――114
相手の言い分を引き出し、受け止める――119
傷つく準備をする――128
自分の本音を話すのは、関係が安定するまで待つ――136

受け入れてもらえないことも覚悟する――139
エクササイズ 相手の言葉を聞き入れる――145

第8章

向き合ってくれない人であってもできる限り受け取る

向き合ってくれない人もいることを、理解する――148
相手に求めることを具体的にリクエストする――154
完璧な関係修復にこだわらない――161
エクササイズ 相手へリクエストする――163

第9章

怒りだけが理由とは限らない。隠れた原因を推測する

怒り以外の要素で、相手があなたを遠ざける理由はなに?――166
理由❶ 相手は、気持ちが変わって、新しい友だちと付き合っている――167
理由❷ 相手には、あなたとは関係のない別の理由がある――168
理由❸ 相手は、あなたが一方的にいいとこ取りをしていると思っている――169
理由❹ 相手はあなたに嫉妬している――172

エクササイズ　相手が離れた理由を考える——175

第10章
相手と自分を混同しない
健全な絆を結ぶために、自分と相手を区別する——178
「私たち」ではなく「私」「あなた」を主語にする——182
子どもの考えや気持ちを聞いてみる——188
エクササイズ　自分と相手の違いを意識する——191

第11章
家族関係に目を向ける
親から受け継いでいる行動パターンに気づく——194
次の世代に何を伝えたいかを考える——200
エクササイズ　家族のなかの問題について考えてみる——203

第12章

関係を終わらせることにした理由について考える

関係を終わらせることにした7つの理由——206
相手と一緒にいるとリラックスできなくなった——208
相手の悩みごとを聞いていると憂鬱になる——212
相手と一緒にいるのが退屈になった——215
相手から期待されている役割に違和感を覚える——218
相手にとって私はあまり重要な存在ではない——227
相手に自己イメージを傷つけられる——232
相手に精神的、身体的な暴力を加えられる——235
エクササイズ　その関係を終わらせていいか考えてみる——239

第13章

きちんと別れを告げる

「ありがとう」を伝える——242
ポジティブに生きるために、心のケアをする——246

エクササイズ 「別れ」に向き合う――251
第14章 気持ちよく別れる

新たな関係を大切にするために、きちんと和解する――254
・過去の相手を責めない――255
・許しを求めるなら、相手の感情に寄り添う――258
・ときには謝罪をあきらめる――259
・行き詰まったときには視点を変える――260
エクササイズ 相手を許す――263
エピローグ 思いやりを忘れないで――265
謝辞――267
自己診断テスト 相手とかかわる準備はどれくらいできていますか？――269
参考文献――273

プロローグ

私たちは、人間関係によって、幸せにも不幸にもなれる

ある日、心理療法士のベント・ファルク牧師と向かい合っていたときのことです。私は、もう何年も顔を合わせていない父親に対する怒りを、彼に語り始めました。

すると彼は私の顔をまじまじと見つめて、こう言ったのです。

「それは怒りではありませんね」

一瞬口をつぐんだあと、私はやっとのことで、「え、そうでしょうか……」と言ったものの、涙があふれてきて、その先を続けられませんでした。自分から父と距離を置いてきたのに、ほんとうは会いたくてしかたがなかったからです。

私が父と顔を合わせられないほんとうの原因は、怒りではありませんでした。

怒りは鎧のように別の感情をガードしています。私の場合、**怒りの裏にはさらに強い感情が、つまり、愛されたい、そばにいたい、一緒にいたいという切実な思いが隠されていました。**ただし、その気持ちに気づいたのは、あとになってからです。

当時の私は、失ってしまったものの大きさを認めれば、悲しみに打ちのめされそうで、恐かったのです。

父との関係はすでに膠着状態で、互いに心が通い合わなくなっていました。昔はとても仲のいい親子だっただけに、私のなかには「あの頃はよかった」という思いが、痛みを伴ってくすぶっていました。だからこそ、そんな父と表面的な付き合いをすることに、耐えられなかったのです。

私が、悲しみ、不安、後悔といったさまざまな感情を消化し、ざっくばらんに父と向き合えるようになるまでには、長い年月を要しました。

けれども、そうなってみてわかったのは、私たち父娘のなかに、かつての温かい感情がそのまま流れているということでした。

大切な人間関係がこわれてしまったり、途切れてしまったり、なんとなくぎくしゃくしてしまったりすることで、多くの人が孤独を感じています。

しかも、たいていの人は、そうした人間関係の喪失からくる心の傷やいらだちを整理しないまま放置しています。けじめをつけずにいるから、自信をもって新しい人間関係を始めることもできません。たとえ新たな人間関係を結んでも、それは浅い付き合いになるでしょう。相手に心を開くことを恐れているから、あるいは、相手に依存しすぎて傷つくことを恐れているからです。

人生の幸福は、どんな人間関係を結ぶかによって大きく左右されます。健全で親密な人間関係をもつ人は概して幸せな人生を送りますが、一方、誰とも深いつながりをもたない人は、生きる喜びを見失ってもおかしくはありません。

どうか、**自分の過去や現在の人間関係を掘り下げ、気持ちを言葉にしてみてください。**そして、感情を整理してください。

そうすれば、しおれた人間関係を再び花開かせることも、その関係をきちんと終わらせて、新たな出会いに向けて踏み出そうという、意欲や勇気をもつこともできるのです。

こわれてしまった関係をなおすために、本書をおおいに活用してください。あなたと相手の双方が、そしてそこにかかわるすべての人びとが、今より幸せになれるように。

でも、もし関係修復が不可能だと判明したら、その場合は、適切な方法でピリオドを打ちましょう。そして、心を軽くして、新たな人間関係をはぐくむエネルギーを手に入れてください。

第 1 章

やり残した人間関係の宿題に取り組む

こじれた人間関係が長引く「よくある言い訳」

人間関係がうまくいっていないという不協和音は、心をじわじわと蝕み、なんとかしようという気持ちになるまでには時間がかかるものです。しかも、たとえなんとかしようと意を決したところで、解決の手段を知らないことがあります。そのうえ、的外れな考えが頭に浮かんできて、二の足を踏むこともあるでしょう。的外れな考えとは、たとえば、こんな言い訳です。

●よくある言い訳

1．その気があるなら、向こうからコンタクトしてくるはずだ

2. 相手は私に腹を立てているのだろう
3. 手を打つならもっと前にやっておくべきだった。もう手遅れだ
4. こちらからすり寄ったりしたら、弱い人間と思われそうだ
5. こちらから連絡を取って拒絶されたら、自分から動いたことを後悔して、最悪な気持ちになりそうだ
6. 「連絡しないでほしい」と言われたから、私からはコンタクトできない
7. 相手から働きかけてくるほうが理にかなっている
8. 相手が私とかかわりたくないのなら、それでもかまわない。どうでもいいことだ。私にとって、そんなに大切な人ではないのだ

この手の言い訳の1つや2つは、あなたにも心当たりがないでしょうか？　あるいは、あなた独自の別の言い訳があるかもしれません。では、これらのよくある言い訳への答えを、次から紹介していきます。

「よくある言い訳」を疑ってみる

言い訳1．その気があるなら、向こうからコンタクトしてくるはずだ

相手がコンタクトしてこない理由は、別にあるのかもしれません。

たとえば、その人はあなたが怒っていると思っている、何かを誤解している、あなたが気づかないだけで、実は相手はあなたの言動に傷ついている、相手はあなたから動いてくれるのを待っている、といった理由が考えられます。

つまりあなたは、「その人が何も言ってこない理由」をよく考えてみるべきです。

言い訳2．相手は私に腹を立てているのだろう

たしかに、そうかもしれません。そして、たぶん、あなたのほうも相手に腹を立てているでしょう。

でも、お互いに顔を合わせれば、その怒りが和らぐかもしれません。たとえそうならないとしても、誤解を解くことができれば、相手もあなたも肩の荷が下りるでしょう。

言い訳3．手を打つならもっと前にやっておくべきだった。もう手遅れだ

こういうことに有効期限はありません。

相手に対する思いや感情があなたの心の大きな部分を占めている限り、関係改善のために働きかける意味はあります。

言い訳4．こちらからすり寄ったりしたら、弱い人間と思われそうだ

行動力と積極性は強さの表れです。自分の弱い部分をさらけ出してでも、こわれたものをなおそうとして、あるいは、少なくともけりをつけようとして、アクションを起こすのですから、勇気がないわけがありません。プライドを捨てて一歩踏み出すことは、心が強い証拠です。

言い訳5．こちらから連絡を取って拒絶されたら、自分から動いたことを後悔して、最悪な気持ちになりそうだ

行動する前に、拒絶されたときの心のもち方を決めておくと、後悔せずに済みます。

勇気と柔軟性と意欲を示した自分を、「がんばったね」とねぎらってあげてください。あらかじめ、相談できそうな友人を見つけておくのもいいでしょう。最悪

な気分になったとき、話をして、支えになってもらいましょう。

言い訳６．「連絡しないでほしい」と言われたから、私からはコンタクトできない

もちろん、相手の希望を尊重するのは、少しのあいだならいいでしょう。ただ、しばらくすると状況が変わるかもしれないので、確かめてみるべきです。

自分から働きかけることで、相手の気持ちが変わる可能性だってあるのです。相手は怒りにまかせて、つい子どものように「もう会わないし、連絡もしない」と言って遠ざかったものの、内心では、引き止めてほしいと思っているのかもしれません。

一度だけでも再会の約束を取りつけられれば、誤解を解き、互いに信頼や寛容な心を取り戻すことができるかもしれません。たとえ元の関係に戻れないとしても、これから先、心穏やかに過ごしていくうえで、その人と一度会っておくことはとても重要です。

言い訳7．相手から働きかけてくるほうが理にかなっている

理にかなっているかどうかではなく、現実的かどうかを考えてください。たしかに、最も理にかなっているのは、そもそも関係を絶った側の人間から回復の働きかけをすることでしょう。それが親子のあいだのことなら、親から子にアプローチするほうが、その逆のパターンよりも、理にかなっているし自然です。

けれども、正しいか、理にかなっているかは脇に置いて、どうすれば最善の結果が得られるかを考えれば、別の構図が浮かび上がってきます。

つまり、精神的に強くて柔軟な側の人間が、たとえ不本意であっても、相手とのあいだに橋を架ける役割を引き受け、もし必要であれば、その橋を渡ってでも相手に会いに行く、ということです。

橋を架ける役割を柔軟に引き受けるには精神力や洞察力が必要です。それを持

ち合わせているのは、当事者のうちの年齢が若いほうだったり、ともすると傷つけられた側だったりします。

年長者の側、あるいは、関係を絶った側が働きかけるのが筋だと考えて手をこまねいていると、結局、何も起きない、ということも十分ありえます。

正しさや道理にこだわりすぎれば、閉じた心を開くためのせっかくのチャンスを逃しかねません。

人生はそもそも不当で不条理なことだらけです。

たとえ良好な人間関係であっても、それは例外ではありません。

ものごとはつねに公平とは限らないということを受け入れましょう。そうすれば、自分が与えたのと同等のものを得られなかったとしても、気が楽ではありませんか。

言い訳8．相手が私とかかわりたくないのなら、それでもかまわない。どうでもいいことだ。私にとって、そんなに大切な人ではないのだ

いいえ、あなたが思っているより、その人は大切な人かもしれません。
人は、相手から拒絶されると、その人のことをたいして重要ではないと考えたり、けなしたりしがちです。相手を忘れたくて、別のことで気を紛らわそうともします。

しかし、忘れようと思って忘れられるものでしょうか。自分にとって重要だった人にまつわる思い出、その人に関する考えや気持ち、そういうものを無理やり抑え込もうとすれば、気力や活力を失うというかたちで高い代償を支払うことにもなりかねません。

私たちは、自分にとって大切な人、あるいは大切だった人を心のなかに住まわ

せています。あなたの心にも、ときには口うるさく、ときには適切な助言を与えてくれる、かつての友が住んでいないでしょうか？

自分にとって大切な人、あるいは大切だった人は、その重要度に合わせて、多かれ少なかれ、心のなかに場所を占めています。

ここで2つの事例をご紹介しましょう。

何かを決断しなくてはならないとき、とくに運転しながら考えごとをしているときなど、亡くなった父がふっと心のなかに現れます。その瞬間、まさに父なら助言してくれそうな解決策を思いつくのです。

59歳・男性

別れた夫は離婚後もずっと私に腹を立てていて、結局、私たちは和解することができませんでした。今ではめったに彼のことを考えませんが、それでも誰かと衝突したときなど、まるで彼が目の前に顔を突き出して、がみがみ言っているように感じてしまうのです。「君はいつも自分のことしか考えていないんだな!」って。

40歳・女性

その人との対立を解消せずに、暗礁に乗り上げたままにしておくのは、**たとえ今は会わない相手とのことであっても、心に重荷を抱え続けているようなもの**です。

ということは、現実にその人と和解できれば、あなたは心の平和を手に入れ、重荷を下ろせるようになるわけです。

エクササイズ

相手との問題を
客観視する

相手と連絡を絶っている理由を書き出してみましょう

なぜ相手と連絡を絶っているのですか？

話を聞いてくれそうな友だち（第三者）に
その理由を話してみましょう

あなたの言い分は理解してもらえるでしょうか？　事実はむしろあなたの言い分と逆だったりしませんか？　あなたの説明には、何か事実と異なること、好ましくないことは含まれていないでしょうか？

もしかすると、現実がしっかり見えていないと指摘されたり、的外れな言い分だと反論されたりするかもしれません。そういう反応や反論を一つひとつ書き留めてください。

どんな反論がありそうですか？

まとめ

やり残した人間関係の宿題に取り組む

関係がうまくいかなくなってしまった相手にアプローチするのは、とてもリスクが高いように感じられます。しばしば人間は、あれこれ理由をつけて、その人と向き合うのを避けようとするものです。「もう手遅れだ」とか「相手から働きかけるべきだ」と考えたり、拒絶されるのを恐れたり、「たいした関係ではなかった」と思い込もうとしたりします。

ところが、**問題の正体がわかれば、それはもう問題ではありません。的外れと判明した言い訳は通用しなくなります。**あなたが行動を起こすために必要なのは、そうやって問題の正体を見極めることかもしれません。

第 2 章

相手に対する自分の願いを掘り起こす

もやもやとざわつく感情と向き合う

「考え始めると、なぜか心がざわついてしまう……」

そんな人間関係はないでしょうか？

いったい、どういう感情が働いているのか、なぜ違和感をぬぐえないのか、自分でもわからなくなることはありませんか？

でも、そのもやっとした感情や思考の正体が明らかになり、さらに、相手が自分にとってどれくらい重要な存在かがわかって、問題を解決するための手段が手に入れば、きっと楽になるはずです。

そのためには、まず、相手に対して自分が何を思い、何を願い、何を感じているのかをしっかり見極めることが必要です。

相手に対する自分の感情を把握するために、「別れの手紙」を書く

まずは、相手に別れの手紙を書くことから始めましょう。実際に送るのではなくて、自分のために書く手紙です。

なぜ、ただの手紙ではなくて別れの手紙なのかというと、感情がより強く引き出され、その人が自分にとってどれくらい大切な存在かが、より鮮明になるからです。

仮に、あなたと相手のどちらかが遠く離れた場所に引っ越そうとしているとしましょう。あなたはそんな相手に、手紙でさようならを告げることにします。

書き始めは、たとえば、次のようになるかもしれません。

セシルへ

会わなくなってから、もう何年も経ちますね。実のところ私は、再会の連絡はあなたのほうがしてくるものだと思っていたのです。でも、こうして自分から手紙を書くことにしました。今でも私はあなたのことをよく考えるし、楽しかった頃のことを忘れていません。ほら、こんなことがあったのを覚えていますか……？

あるいは、こんな書き出しかもしれません。

お父さんへ

子どもの頃、よく釣りに連れていってくれましたね。お父さんと出かけるのが、私は大好きでした。忙しいのに私のために時間を割いてくれて、ほんとうにありがとう。それから、年上の男の子たちにいじめられていると、すぐに助けに来てくれたのも覚えています。お父さんがそばにいると、私はいつも安心しました。
お父さん、あなたが新しい恋人を見つけて家を出ていったとき、この先、私がどうなるかなんて、おそらく予想もしていなかったでしょう。あれから私は……。

次は、書き出しだけでなく、一通すべて、ご紹介しましょう。

マリーへ
私たちが友だちになったのは学生時代ですね。お互いの家族のことも知っているし、初恋の相手のことも覚えています。あなたにならら、私はなんでも包み隠さず話せたものでした。いつも私の心の支えになってくれてありがとう。あなたがいなければ、つらかった高校時代を乗り越えられたかどうかわかりません。それから、私の25歳の誕生日に、あなたが自分の大切な用事を断って、わざわざお祝いに来てくれたことにも感謝しています。ほんとうにありがとう。

高校時代、あなたは「私も同じように心の支えになっている」と言ってくれました。でも、私ばかりが自分の悩みを打ち明けて重荷を下ろしていたようで、もっとあなたの話に耳を傾けていたらよかったと思うのです。

今では、離れ離れになってしまいましたが、私にはそのことが悲しくてしかたがありません。あなたがユトランドに移ったあとも、親友同士でいられたなら、そしてともに母親になる喜びを分かち合えたなら、どんなによかったでしょう。あなたがまた友だちとして、今の私に関心を示してくれたなら……。

でも、こうしてあなたにお別れを言うことで、私は自分を解放しようと思います。もう、あなたからの手紙や電話を期待するのは、やめにします。

心より幸せをお祈りします。あなたは幸せがふさわしい人ですから。

ヨセフィーネより

手紙を書き終えたら、**誰かに聞いてもらう**必要があります。親しい人か心理療法士に頼んでみてもいいでしょう。亡くなった家族の写真やペット、あるいは森の木に向かって読み上げてもかまいません。実際に声に出してみると、さまざまな感情が湧き上がってくるものです。

別れの場面を想像して相手への執着を手放す

「もう一度親しくなりたいと思っている相手に、別れの手紙を書くなんて」と、ためらってしまうかもしれません。けれども、相手に別れを告げることで、その人との関係を新たな角度から見られるようになるのです。

その人に**最後のさようならを告げる自分を想像しながら、どんな気持ちになるか味わってみてください。**

別れの悲しみを感じると同時に、たぶん、ほっとするのではないでしょうか。そして、別れても人生が終わるわけではないし、その人がいなくても自分は大丈夫だ、ということに気づくかもしれません。

別れを告げる場面を想像すると、心が強く揺さぶられることもあります。

それが親しい相手であればなおさらでしょう。たとえば、親がわが子との関係を修復しようとしている場合などがそうです。

私のクライアントのなかにも、別れの手紙のエクササイズになかなか取りかかれない人たちがいました。もしあなたがこのエクササイズをつらすぎると感じるなら、1、2回の心理セラピーが必要かもしれません。

あるいは、事前に友だちに事情を話しておくといいでしょう。万一、このエクササイズで強烈な感情が込み上げてきたときには、その人に電話をして、話を聞いてもらうのです。

このエクササイズは、あなたが一人で取り組んでもいいし、友だちや心理療法士の助けを借りながら取り組んでも構いません。

もしかすると、手紙の相手に実際にその手紙を渡したくなったり、別れを告げたくなったりするかもしれません。**でも、どうか早まって別れようとしないでください。**

かつては親しい間柄だっただけに、相手は、あなたの表情や声の調子から本心を読み取るかもしれません。

相手に渡す手紙は違う内容のものであるべきです。

相手に直接伝える内容についてはＰ97の第６章とＰ１１３の第７章でくわしくお話しすることにしましょう。

「ほんとうは相手に言ってほしいこと」を掘り下げる

あなたは心の底で、相手との関係がどうあってほしいと思っているのでしょうか？　自分が心の底で何を望み、何を願っているかを探るためにも、手紙のエクササイズは役立ちます。

ただし今度は、「相手への手紙を書くのではなく、**相手からの手紙を自分自身で書く**」という方法です。その手紙には、「ほんとうは相手に言ってほしいと思っていること」をすべて盛り込んでください。現実的に可能なことでなくてもかまいません。想像力を思いきりはばたかせましょう。

次にご紹介するのは、昔の恋人との関係で悩む女性ロネが、自分自身で書いた「以前の恋人のヤコブからの手紙」です。

ロネへ

君と出会えたことに、とても感謝している。君から多くを学んだおかげで、僕の人生は以前よりもずっと豊かなものになった。

君とはずいぶん言い争ったこともあったね。僕と付き合うのはたやすいことじゃなかっただろう。それでも君は、その広い心で、僕のひどい振る舞いに何度も目をつぶってくれた。僕も君に対してもっと寛大になれたら、どんなによかっただろう。でも僕はいつもどこか頑固だった。

ロネ、君にはもっと素敵な人がふさわしい。僕よりもずっと君を愛してくれる男性がいるはずだよ。君の幸せを心から願っている。

ヤコブより

ロネはこの手紙をまず自分自身に、そして友だちに聞かせました。すると、自

分で書いた手紙なのに、なぜか心が軽くなったのだそうです。さらに、2人の関係を維持するために努力したことを、元恋人に認めてほしいと思っている自分に気づいたのだ、と言います。

次は、親友とのあいだで関係をこじらせているエレンという女性が書いた、「かつての親友からの手紙」です。

エレンへ
あなたと一緒に遊んだ頃が懐かしいわ。また、私とコペンハーゲンに出かけるなんて、どうかしら？

ヘレより

手紙を読み上げたエレンは、かつての親友がほんとうに誘ってくれたら、すぐにでも「もちろん行くわ！」と言う気になっていることに気づきました。そして、彼女との友情を取り戻すために、自分から歩み寄ろうと考え始めたのです。

一方で、母親との関係に悩んでいるレネという女性は、自身で「母親からの手紙」をこんなふうに書きました。

レネへ
あなたはきっと腹を立てているわよね。あの頃はひどいことをしてしまったと思っています。やり直せたらどんなにいいかしら。こんな母をどうか許してくれませんか？　あなたを大切に思っています。

母より

その手紙を読んだレネは気づきました。子どもの頃のできごとをめぐって、母親が非を認めてくれることが、彼女にとっては大きな意味をもっていたのです。そして、もし母親が謝ってくれるなら、許すつもりでした。

相手に聞かせたいことを、言葉にして出す

ここで紹介した人たちのように、自分自身で相手からの手紙を書くのが苦手な人は、写真を使うという手があります。

相手の写真を目の前に置いて、その人に聞かせたいことを片っ端から言葉にしてみましょう。P49にリストアップした「別れの手紙を書くためのヒント」を参考にしながら、想像力を存分に働かせてください。

自分のほんとうの望みを知るには、**写真を見つめながら、その人からどんなことを言われたいかを考えてみるといいでしょう**。現実的に可能なことでなくてもかまいません。あなたの望みや切なる願いを掘り下げるのであって、相手がそれに応えられるかどうかは、この際、関係ありません。

言葉にすることで、気持ちを整理する

自分の思いを手紙にしたため、写真に語りかけるだけでも、ずいぶん心は軽くなるはずです。頭のなかで考えているうちは、同じところをぐるぐる回っているだけですが、言葉で表現すると、変化が始まります。相手との関係がはっきり見えてきて、気持ちの整理がつくのです。

そして、その人が自分にとってどれほど重要な存在であるかに気づけば、おのずと、もう一度やり直すために自分から動くべきかどうかも明らかになります。

相手からの手紙を書きましょう

その人に言ってほしいことを、すべて盛り込んでください。

相手からの手紙を自分自身で書いてみましょう

手紙を書くのが無理なら、その人の写真に向かって「さようなら」を言いましょう

エクササイズ

相手への願いを言葉にする

別れの手紙を書きましょう

以下の質問をヒントにして、手紙を書いてみてください。もちろん、ここにリストアップした以外のことを盛り込んでもかまいません。それがあなたの本心であるなら、どんどん書きましょう。

●別れの手紙を書くためのヒント

・その人と別れると、私は何を失うだろうか
・私はどんなことをありがたいと感じているか
・私は相手のどんなところが嫌いか
・別れることで、私は何から解放されるだろうか
・私は相手に、ほんとうは何をしてほしかったのか
・私はその人のために何をしたか（たとえば、「私が○○をしたとき、あなたは喜んだはずです」「私が○○したとき、あなたは救われたのではありませんか？」といった具合に書きます）
・私が、もっと与えてほしかったものは何か
・私は、2人の関係がどうなればよかったと思っているか
・私が今、その人に対して、ほんとうはしてあげたいのに、できないことは何か
・私は、その人との関係のどんなところを恋しいと思っているか
・私は、その人の未来がどうあってほしいと願っているか

まとめ

相手に対する自分の願いを掘り起こす

自分自身を見つめましょう。そうすれば、自分が働きかけようとしている相手に対して、何をどう感じているかが鮮明に浮かび上がってきます。

あなたはその人に何を伝えたいのでしょうか?
相手から何を聞きたいのでしょうか?
その関係を手放したら、どんな気持ちになるでしょうか?

別れを想像しながら自分の心を深く掘り下げるエクササイズを行うと、むしろ心がすっきりします。すると、わだかまりを乗り越えて、信頼を取り戻すためのプロセスに取り組みやすくなるのです。

人間関係では、こちらがしがみつくほど、相手は背を向ける場合があります。逆に、**こちらが手放せば、相手は振り向いて、心を開き、受け入れやすくなる**ものです。

第3章

自分のなかの抵抗、怒り、いらだちを見つめる

怒りのレベルを自覚する

人間関係で生じる心の距離は、たいていは怒りによるものです。ただし、ひと口に怒りと言っても、「まあ、どうでもいいわ」とちょっと突き放すような態度もあれば、頭から湯気が出そうなほど激高した状態もあって、その程度はさまざまです。

人間関係がこわれるとき、おそらくはどちらの側も、程度の差こそあれ怒りを感じているはずです。

ところが、**いらだちや怒りは、誰もが言葉に表せるものではありません**。過去の経験から、怒りは避けるべき感情だ、と学んだ人は、ほんとうは怒りを抱いていても、感じにくくなっています。問題は、そういう無自覚の怒りが知らず知らずのうちに害を及ぼすかもしれないことです。そういう怒りは、遠回しなかたちで表れやすいのです。

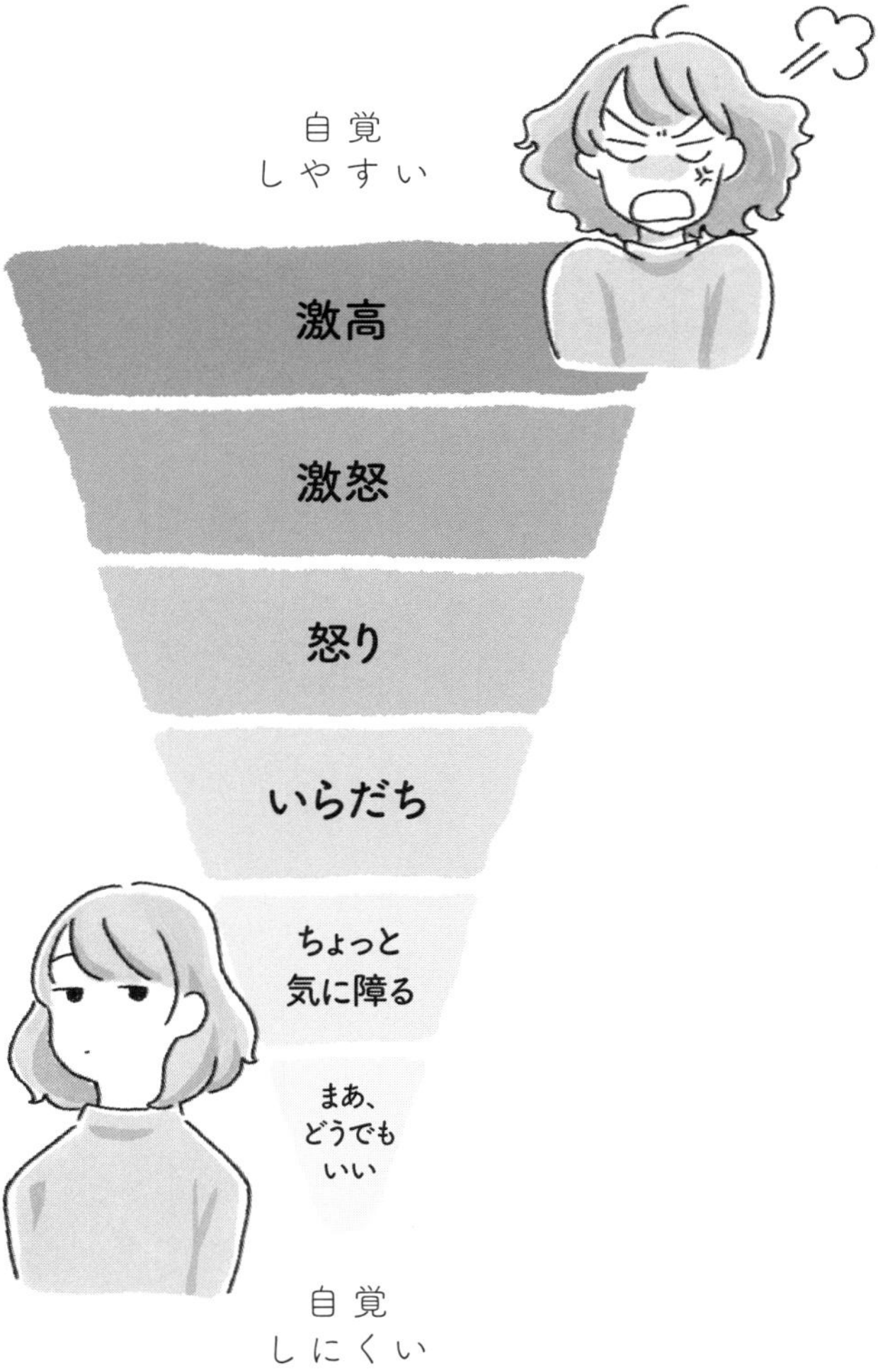

心のざわつきの「正体」に気づく

怒りは、次のような言動となって、間接的に表現される場合があります。

・約束に遅れる
・電話に出ない
・相手のニーズを考えない
・目を合わせない
・積極的な表現を控える
・相手の置かれた状況に共感を示さず、つっけんどんな受け答えをする

・折り返しの電話を入れない
・自分から率先して行動しない
・相手を無視する
・相手が何を言っても沈黙している
・かかわりを拒否する

こうした言動の裏に必ず怒りが隠されているわけではありませんが、その可能性は高いでしょう。あなたも、自分が思っているより、いらだちや怒りを抱えているかもしれません。そして、それを遠回しに表現してはいないでしょうか？　どの程度の怒りかわからないときは、思考に注意を向けてみてください。

たとえば、怒りとつながりのある思考とは次のようなものです。

・あの人はいったい何様のつもりだろう
・私は裏切られた

・こんなのは不公平だ
・私はそんなことにかかわりたくない
・あの人の行動はいただけない
・私はひどい扱いをされた

自分の思考に注意を向けると、今まで自覚していなかったいらだちや怒りに気づくかもしれません。

相手へのアプローチを開始する前に、まず、自分の怒りを知っておくことが重要です。**心のどこかに見えない怒りが潜んでいないかチェックしましょう。**

無自覚ないらだちや怒りは、相手を混乱させるばかりか、思いがけない瞬間にあなた自身の足をすくい、心の扉を開くためのプロセスに取りかかれなくするかもしれないのです。

怒りの裏に隠れた繊細な感情を表現する

怒りは別の何かを覆い隠している場合があります。怒りの下には、もっと繊細な感情、たとえば、無力感、愛されたいという切望、悲しみが潜んでいます。

怒りにまかせて相手を遠ざけていると、その下に隠された、相手に抱いている感情は、いっそう自覚しにくくなります。

勇気を出して、**自分のなかの悲しみや無力感に目を向けてください**。すると、怒りは完全に消えてなくなるかもしれません。悲しみや無力感を言葉にしたとき、閉ざしていた心の扉はたいていい開かれるのです。

自分のなかの無力感に気づくためには、「○○○だったらいいのに（よかったのに）」というフレーズを使って表現してみてください。

「私は、欲しいものをなんでも手に入れられたらいいのに」
「私は、子ども時代をやり直せたらいいのに」
「私は、もっと早く問題に気づけたらよかったのに」
「私は、もっとうまくできたらよかったのに」

そして、悲しみを表現するには、**「いいのに（よかったのに）」を「残念だ」に置き換えてみてください。**

たとえば、「私はもっとうまくできたらよかったのに」ではなくて、「私はもっとうまくできなくて残念だ」と言いましょう。

関係がぎくしゃくしてしまった相手にアプローチするときは、自分のなかの傷ついた感情を言葉にするほうが、怒りを言葉にするよりも、よい結果が得られます。

怒りは不愉快な現実から目をそらすための防衛手段になっている場合もあります。たとえば、充実した人生を送れずにいるときは、そのことを悲しむより、親やパートナーに怒りをぶつけるほうが楽なのです。

逆境は人を強くします。大きな試練を前にすると、とても乗り越えられないような気がして、現実でなければいいのに、と思うものですが、**その山を乗り越えたときには、きっと自分を誇らしく思うはずです。**そして、自分がひと回り大きくなったように感じて、充実感に満たされるでしょう。

人はそうやって逆境から成長するものですが、ときには、人生が突きつけてくる試練に向き合おうとしない場合もあります。

「こんなはずではなかった」という考えにしがみついたまま、うまくいかないことを誰かのせいにしたり、一番親しい人に怒りをぶつけたり、そのうえ「なぜこの人には、こんなにいらいらさせられるのだろう」などと思ったりもします。

その怒りは、おそらく、心の奥深くにくすぶっている、人生に対する不満から来ています。

誰に対する怒りなのか見極める

怒りを、何の関係もない人にぶつけることもあります。

たとえば、「両親の離婚など釈然としない経験をした子どもの大半は、「自分をしっかり愛してくれている」と感じるほうの親に、その怒りをぶつけます。怒りを受け止めてくれそうな人を無意識に選ぶのです。

それは十代の若者であっても同じことです。ティーンエイジャーがその種の怒りを親にぶつけないとすれば、その子は親に愛されているという確信がないか、あるいは、怒りをぶつけたら、親を精神的に参らせてしまうと思っているかのどちらかです。

もう1つの典型的なお門違いのパターンは、親にえこひいきされている兄弟姉妹に向けられる怒りです。

本来、その怒りは、えこひいきしている親にこそ向けられるべきものですが、兄弟姉妹や、ときには学校の教師に向けるほうが、リスクが小さく感じられるのです。人は自分の親をどうしても美化したくなってしまいます。しかも、その傾向は大人になったあとでさえ続きます。

ではここで、両親に批判の目を向けられずにいた男性の話を聞いてみましょう。


長いあいだ人生がうまくいかなくて、ついに心理セラピーを受け始めたときのことです。

子どもの頃のことを話していると、学校でのできごとを思い出しました。校

庭で他の子にいじめられていたとき、先生が止めに入ってくれなかったことが何度かあったのです。それで「なるほど、今の自分の自尊感情が低い原因はそこにあったのか」と気づいてほっとしたのですが、同時に、これで人生もうまくいくだろうと思って、セラピーを続けるのをやめてしまいました。

残念ながら、少しばかりセラピーを受けたくらいでは、人生は好転しませんでした。それで何年も悩んだ末に、またセラピーを受けることにしたのです。昔より人間として成長していたし、自分の内面を深く掘り下げる準備もできていました。

最初に受けていたセラピーでは、両親のことを持ち出すと親不孝を働くような気がして、とても話す気になれなかったのですが、セラピーを再開したときには、自分にとって必要なことなのだろうと思いました。

子どもの頃、母は私と向き合ってくれませんでした。自分のことしか眼中になくて、息子がどんな人間かなどということに関心がなかったのです。そのことをセラピーで話し始めると、私は恥ずかしさと不安でいっぱいになりました。

結局、私が母親とのつらい思い出から解放されるまでの道のりは、長いものになりました。楽しいプロセスではなくても、自分のためになっているのはわかりました。より深いレベルで自分のことを理解し、認識できるようになったからです。すると、遠い昔、自分をいじめから救ってくれなかった教師に対する怒りも、すっかり消えていきました。

61歳・男性

心理セラピーでは非常によくあることですが、悩みを抱える人は、まず、自分の父親や母親を擁護するようなエピソードから語り始めます。もちろん、自分の抱えている問題の原因が、ほんとうに親や一番身近な養育者には関係のないできごとにあるとしたら、そして、その事実に気づくことが問題解決につながるなら、けっこうなことです。

しかし、そうでない場合は、もう少し掘り下げてみる必要があります。

怒りの矛先を間違えるという現象は、職場でも見られます。

フラストレーションの原因は別の人にあるのに、関係のない同僚に怒りや欲求不満をぶつける場合などがそうです。

たとえば、独断的な上司や、どこからどう見ても不機嫌な上司に対しては、恐くて怒りを表明できないとしましょう。そういう場合、なんの罪もない同僚にかみついて、うっぷんを晴らすほうが簡単なのです。

お門違いの怒りの犠牲にされるのは、たいていの場合、とばっちりを受けても反撃してこない人です。そういう人だからこそ、安心して怒りをぶつけてくるわけです。

他者の怒りは他者のもの
必要以上に共感しない

学校や職場の親しい人に、「ある人からひどい仕打ちを受けているのだ」と打ち明けられると、自分のことのように腹が立つものです。

ところが、ひどい仕打ちを加えているとされる第三者が自分にとって大切な人だったりすると、事態はややこしくなります。そして、ジレンマに陥るのが嫌で、第三者の肩をもつか、被害を受けていると訴える仲間の側につくか、どちらか一方を選択します。

それと同じことは、家族間でも、たいていは知らず知らずのうちに起きています。たとえば、両親の一方が他方にひどく腹を立てている家庭では、往々にして、子どもが親の怒りを引き受けてしまいます。すると、その子は自分ではなぜかわからないままに他方の親に怒りや強いいらだちを覚えるようになります。

そういうケースに心当たりのある人は、**自分のなかの怒りの出所をよく考えてみる必要があります。**

あなたのなかの怒りは、家族の誰か、たとえば母親や祖父母や兄弟から、無意識のうちに植えつけられたものではないでしょうか？

たとえ、はっきり言葉や態度で表明された怒りでなくても、そうした植えつけは起こりえます。人は、ボディ・ランゲージやほとんど自覚できないようなかすかなシグナルでさえ、無意識のうちに吸収し、心理的に左右されやすいからです。

私の母親世代の女性たちは、結婚後は家庭に入り、仕事につかなかった——あるいは、つけなかった——という人が大半です。彼女たちの多くは、当然ながら、欲求不満を抱えていたため、その子どもたちは精神的に不健全な環境で育つことになりました。

母親の父親に対する怒りを吸収してしまった子どもは、父親とのあいだに温かい関係を結ぶことができなかったとしてもおかしくありません。

もしあなたのなかに、**自分でも理解できない、不釣り合いなほどの怒りがあるとすれば、よく考えてみてください。**もしかして、誰かの怒りを引き受けることが、その人に対して忠誠心を尽くすことのように感じてはいないでしょうか？

エクササイズ

自分の感情を表現する

自分の感情を見極めましょう

あなたの怒りはどの程度のものでしょうか？　もしかすると、自分が思っているよりも、あなたの怒りは大きいかもしれません。

あなたの思考の裏には、怒りの感情が隠されていませんか？　あなたの言動には、怒りが見え隠れしていませんか？　自分の怒りについて、次のことを考えてみてください。

・その怒りは正当な人に向けられているか？
・その怒りの裏には、もっと繊細な感情が隠れていないか？
・その怒りは、無意識のうちに他者から引き受けたものではないか？
・人生がうまくいかずに、無力感に陥っていないか？

次のフレーズを使って、無力感や悲しみを言葉にする練習をしましょう

「私は○○○できたら、よかったのに」
「私は○○○できなかったのが残念だ」

まとめ

自分のなかの抵抗、怒り、いらだちを見つめる

人間関係が冷めたり、途絶えたりする場合、おそらく、その裏では怒りの感情が糸を引いています。怒りにはさまざまなレベルがあり、無自覚のまま間接的に表現される場合もあります。
しかも、怒りのほんとうの原因は別の人間にあったりもします。**自分のなかの怒りに目を向けてください。**

あなたはお門違いの人に怒りを向けていないでしょうか?
自分の怒りだと思っているものは、実は他者から引き受けたものではありませんか?
あなたの怒りは、弱さや欲求不満を隠す鎧のようなものではありませんか?

第 4 章

相手には相手の視点があるということを認める

自分だけが正しいわけじゃない「真実」に向き合う

人間関係でショックを受けたり、失望したりすると、ときとして人は、二度と失望させられまいとして、相手の言うこと為すことをネガティブに解釈するようになります。

たとえば、今まで味方だと思っていた人に突然批判されたり、親しい友だちに拒絶されたり、思っていたよりも自分が相手にとって大切な存在ではないことに気づいたりしたときなどがそうです。

ネガティブな驚きを経験すると、それ以降、相手の意図を考えうる限り最悪のかたちで解釈するようになり、「自分はもうポジティブなことでしか驚かないぞ」

と考えるのです。

残念ながら、そういう態度はネガティブな影響しかもたらしません。たとえ、相手がポジティブな意図で向き合おうとしていても、こちらはブラインドを下ろしてしまったがために、その意図に気づくことができないのです。

ここで私自身の経験をお話ししましょう。

18歳のときのことです。私は父を前にして、涙を流していました。自分でも理由がわからないまま、ともかく最悪な気分だったのです。すると父は、「おまえを愛しているよ」とか「おまえのために何度も涙を流した」と言います。

私は心のなかでつぶやきました。

「はい、そうですか。口ではなんとでも言えるわね。さんざんがっかりさせておいて、今さら信じられるものですか。『愛してるよ』とでも言えば、魔法の呪文みたいに、私が泣きやむとでも思ってるの？」

それから20年後、数々のセラピーを経て、ようやく私は、父がほんとうに愛してくれていることに気づき、心から喜ぶことができたのでした。

相手の言動やその人とのあいだで起きていることに、人は解釈を加えます。その解釈は次第に1つの物語となり、自分自身や相手に語って聞かせるようになります。その物語を何度も繰り返していると、しまいには、自分が行った選択によって物語が形づくられていったことを忘れてしまったりします。

たとえば、私は、父にどうでもいいと思われていると解釈し、それに執着することを選択しました。そして、父が言うこと為すことを、その解釈に照らし合わせて受け止めるようになったため、父がちょっとした歩み寄りを示しても、単なるポーズか何かだと思ったのです。

人間関係が冷めたり、途切れたりしたとき、その理由をめぐって自分がつくり上げる物語には、注意深く耳を傾けるべきです。そうすれば、別の解釈が成り立ったかもしれないことに気づくはずです。

自分の物語が真実を丸ごと伝えているわけではないという事実に、どうか向き合ってください。

相手の立場や背景を想像してみる

あなたが語る物語は、けっしてありのままの現実を反映しているのではありません。どんな人でも、それぞれが自分なりのやり方でさまざまなデータを取捨選択し、自分の納得のいくように、少しばかり編集を加えています。

その物語のなかに出てくる、あなたの相手は、現実を映しているようでいて、実はありのままを捉えているわけではないのです。

次のイラストは、ハンスとヘレという夫婦が、共通の現実を前にしながら、それぞれが異なる部分に注目していることを示しています。

●2人のあいだに起こっていること

1. 妻ヘレは月に1度ほどしかセックスをしたがらない
2. 夫ハンスはヘレのためにしょっちゅう花を買ったり、彼女の料理を褒めたりしている
3. ハンスは仕事から帰ると、ビールを2杯飲んで、うたた寝をする
4. ハンスは週末にヘレと出かけるのを断る
5. ヘレはハンスよりも友人たちとの関係を優先する
6. ヘレはハンスとの問題を何度も話し合おうとしてきた
7. ハンスは生活上の問題を、ヘレのためにしょっちゅう解決している
8. ヘレは男性の同僚のことを褒めそやす
9. ハンスはしょっちゅう仕事の愚痴をこぼす
10. ヘレはハンスの好きな料理をよくつくる
11. ハンスとヘレは2人で楽しく夏季休暇を過ごした
12. 去年の秋、ハンスは転職した

夫であるハンスにとって最大の問題は、妻のヘレが自分とはあまりセックスをしたがらないのに、同僚をやたらと褒めることでした。ハンスからこの話を聞いた人は、彼がヘレとの関係にうんざりしていることは理解できるでしょう。けれども、ハンスがヘレを欲求不満のはけ口にしていることや、ヘレが彼の好きな料理をよくつくってくれていることは、知る由もありません。おそらくハンス自身も、ヘレが彼を喜ばせようとしてあれこれ努力していることに、気づいていないでしょう。

一方、ヘレは友だちに「ハンスはビールを飲みながら愚痴をこぼし、ソファーに寝そべってばかりで、週末は一緒に出かけようとしない」という話をします。その話を聞いた友だちは、ヘレがハンスとセックスしたがらないのも無理はないと思うでしょう。ヘレは、実はハンスが彼女を喜ばせるために、彼なりに努力していることに気づいていないようです。

ハンスの物語もヘレの物語も間違ってはいません。2人は自分が経験したことを自分の視点から語っているだけなのです。

自分の物語と違っていても、相手の物語を受け止める

私たちの物語は、たいていの場合、実に慎重に練り上げられています。しかも、その裏には、自分自身が非難を浴びないようにするための――おそらくは無意識の――意図が隠されています。

たとえば、「夫の飲酒が原因で私は離婚した」と考えるほうが、夫側の言い分を認めるより楽なのです。夫にしてみれば「妻が冷淡すぎて、酒を飲まずにいられなかった」のかもしれません。

人間関係がこわれた理由を友だちに聞かれたとき、私たちは、自分が惨めに見えすぎないように、あるいは、罪悪感や恥ずかしさに襲われないようにするために、あれこれ苦心して理由を考え出します。

自分が批判されたくないという思いが強いあまり、事実にフィクションを加えたり、自分の解釈が真実を丸ごと映し出しているかのように語ったりするのです。あなたも、そんなふうにものごとを脚色したり、曲解したりしたことはないでしょうか？

誰かと衝突したとき、私たちは相手の言動を実際よりも悪く解釈します。

「あの人はひどく怒っている」「たちが悪い」「危険だ」などと考えるのです。そのままケンカ別れしてしまうと、相手のゆがんだイメージが私たちのなかに残り、それがもとで不安やネガティブな思いを抱くようになります。

ところが、敵対的なイメージができあがってしまった相手と思いきって顔を合わせてみると、「怒っていて、危険だ」と思っていた人が、こちらと同じように不安や後悔を感じているだけだった、ということがよくあります。

相手があなたとのあいだで共有する体験をどう語ろうと、あなたの側ではいかようにも解釈が可能です。

心を閉ざして、まったく受け付けない場合もあれば、心を開いて、新たな発見や計画に耳を傾けようとする場合もあるでしょう。何がなんでも相手の物語をポジティブに解釈しなければならないわけではありません。

肝心なのは、できるだけ、ありのままの現実を見るようにすること、そして何より重要なのは、共有体験をめぐる相手の物語に素直に耳を傾けることです。

それがどんなにあなたの物語と違っていても、あなたが自分の物語を真実だと思うのと同じくらい、相手の物語も本人にとっては真実なのです。

違っていることを恐れず、表現する

体験を共有する者同士が自分の解釈を語るとき、まるで相手に否定されているかのように感じることがあります。

相手の話に耳を傾けているうちに、「自分が嘘をついているか、勘違いしているのではないか」と思えてくるのです。でも、どちらの体験もそれぞれにとって、同じくらい真実に違いありません。

そういう場合、相手と言い争うのではなく、こんなふうに言えば、対立せずに済むでしょう。

「なるほど、あなたの見方がわかってよかった。私は別の見方をしていたけど、別々の人間なんだから当たり前だね」

「私の受け止め方は違うけど、ともかく、この話はこれくらいにしておこう」

同じできごとをめぐって相手と自分の見方が違っていても、**話し方をちょっと工夫するだけで、こちらは相手を否定するつもりはないという姿勢を示すことができる**わけです。たとえば、次のような表現が役に立ちます。

「私は〇〇〇だと思う」
「私には〇〇〇のように見える」
「私の考えでは〇〇〇だ」

つまり、こんなふうに言い換えることができます。

「あなたはいつも頭痛を起こしているわね」
↓ **「私には、あなたがいつも頭痛を起こしているように見える」**

「この家はいつも散らかっている」
↓ **「私には、この家がいつも散らかっているように見える」**

「あなたはすごく怒っていた」
↓ **「私はあなたが怒っているように感じた」**

あなたが語っているのはありのままの真実ではなくて、**あくまでも「自分」の解釈にすぎません。**

それを自覚しているというシグナルを送るなら、ものごとの展開はずいぶん違ってきます。相手も自分なりの解釈を語りやすくなるからです。

エクササイズ

相手の視点で考える練習

あなたと相手とのあいだに距離が生じた理由を、あなたは第三者にどう語りますか。具体的に書き出してみましょう。

なぜ、疎遠になったのでしょうか？

・自分が書いたものを、できる限り正直に、客観的に読んでください。それとは違う内容の話が成り立つ可能性はないでしょうか？
・相手にその話を聞かせたら、どう受け止めると思いますか？

以下のフレーズのように、別の見方があることを示す表現を使ってみましょう。

「私には○○○のように感じられる」
「私には○○○のように見える」

まとめ

相手には相手の視点があるということを認める

私たちは、ときとして他者をネガティブに解釈します。

もしかすると、それは子どもの頃に自分の心を守るために身につけた、古い習慣かもしれません。

でも、子ども時代は過去のことです。幼い頃の自己防衛戦略に頼る必要はもうないのです。


成熟した大人がとる戦略は、**ネガティブで大げさな解釈から脱却して、バランスのとれた見方ができるようになる**ことです。

そして、**相手の解釈が自分の解釈と同じくらい真実かもしれないということを受け入れるだけの、心の余地を示す**ことでもあります。


そうすれば、よりポジティブな感情が芽生えて、相手との関係も改善されるでしょう。

第 5 章

はじめの一歩
相手との
接点をつくる

準備ができたら、コンタクトをとろう

相手に対して、オープンで柔軟な姿勢、勇気、前向きな意図をもって向き合う用意ができたら、その先はシンプルです。

次のエピソードはそのことを物語っています。

半年前、家の改修工事をめぐってケンカをして以来、隣人のラルスと絶交状態だったジョンは、ある日、勇気を奮い起こしました。ラルスの家の窓に明かりが灯っているのを目にしたら、いてもたってもいられなくなったのです。

さっそくラルスの家まで行くと、玄関をノックしました。ラルスはキッチンのテーブルに着いたまま、テーブルクロスをにらみつけています。ひと言も発せず、ジョンを歓迎しているそぶりをいっさい見せません。

そんなラルスと目が合った瞬間、ジョンの口から思わず、こんな言葉が飛び出しました。

「ラルス、もう、よそうや」

すると、ラルスは目に涙を浮かべて立ち上がり、ジョンの肩に手を置いて言ったのです。

「おう、そうだな！」

そして冷蔵庫から2人分のビールを取り出したのでした。


相手にかける言葉は、必ずしも前もって用意しておく必要はありません。正しい意図や善意があれば、言葉は自然に出てくるものです。いえ、場合によっては、言葉さえ要らないかもしれません。

一方、準備が必要なケースもあります。**すでに一度コンタクトを試みてうまく**

いかなった場合、次のステップは慎重に検討するべきです。

P269の自己診断テストで、相手と向き合う用意があなたの側でどれくらい整っているかを確かめてみてください。

アプローチ方法は、相手と状況にあわせて選ぶ

コンタクトをとることにしたら、その方法を考えましょう。

電話にするか、メールにするか、それとも直接、顔を合わせるか。どの方法にもそれぞれにメリットがあります。

直接、**顔を合わせる**と、相手に対するネガティブな考えがいっぺんに解消される可能性があるし、うまくいけば、以前のような温かいつながりを取り戻せるかもしれません。しかし、顔を合わせるという方法は、強引な印象を与える恐れもあります。とくに相手が一度、接触を断ってきた場合はなおさらです。

その人の性格を考えてみてください。相手が内向的な人だとすれば、おそらく、メールや電話でコンタクトするほうがいいでしょう。いきなりの対面は負担が大きいかもしれません。

その点、**電話**のほうが強引な感じは薄れます。それでいて、相手の声の調子から感情を察することができるし、自然な会話やユーモアを織り交ぜる余地はメールより大きくなります。

一方、**メール**には、より控えめなアプローチができるというメリットがあります。受け取る側をいきなり対話に「引っ張り込む」ことがありません。

相手は、まずメールの題名を見るだけにとどめ、気持ちが落ち着くまで本文は読まずに放っておくこともできます。それにメールなら、送る側も表現を工夫することが可能です。不用意に口を滑らせて、相手の感情を傷つけてしまうなどということを避けられます。

相手が一緒に暮らしている人であっても、メールでのやりとりが功を奏する場合があります。やはり、送る側はよく考えたうえで言葉にできるし、受け取る側は落ち着いて、気持ちが整理できた時点で返事ができるからです。

電話やメール、対面のどれもうまくいきそうにない場合には、さらに控えめな方法、つまり、**ギフトを贈る**という方法があります。インターネットで花束を注文して、ちょっとしたメッセージを添えて贈るのはどうでしょうか。

そのメッセージは、たとえば、「古い荷物を整理していたら、あなたが引っ越しを手伝ってくれたときのことを思い出しました。私からちゃんとお礼を伝えていたでしょうか？　もしまだなら、今からでも遅くないといいのですが。あのときはお世話になりました。どうもありがとう。もしよければ、また連絡を取り合いませんか？」でもいいし、もっとシンプルに「あなたに会いたいです」でもいいでしょう。

一緒にやりたいことを提案する

さて、コンタクトの方法が決まったら、次の問題は「どのような内容にするか」です。選択肢は2つあります。

1つは、**「一緒に何か楽しいことをしよう」**と提案すること。

もう1つは、**「2人の関係がぎくしゃくしてしまった理由、あるいは、完全に途切れてしまった理由を率直に話し合おう」**と提案すること。

「一緒に何か楽しいことをしよう」と提案したいなら、たとえば、サッカーの試合の観戦や買い物など、**以前よく一緒に楽しんだ活動にまた誘ってみる**というのが自然でしょう。

何か楽しいことを一緒にすると、心を開きやすくなり、凝り固まっていた怒りやわだかまりを克服しやすくなります。2人の関係性によっては、互いにぎくしゃくしてしまった理由をわざわざ話さなくても、わだかまりが解けるかもしれません。冗談を飛ばすだけで、心がまた通い合うようになる場合があるのです。

その一方で、関係がうまくいかなくなった理由をしっかり話し合うほうがいい場合もあります。そのことについては、次章でくわしく述べることにしましょう。

いずれにしても、その人との関係性に、よりふさわしいほうを選びましょう。

いっぺんに両方は試さないでください。

エクササイズ

アプローチの計画を立てる

アプローチ方法を考えてみましょう

関係がうまくいかなくなった相手へのアプローチ方法は何がいいか、考えてみてください。

・電話
・メール
・対面
・ギフトを贈る

方法が決まったら、相手とのコンタクトの内容を考えましょう

あなたなら、関係がうまくいかなくなった理由を話し合いたい、と提案しますか？
それとも、何か楽しいことをまた一緒にやろう、と提案しますか？

どんな方法で、どんな提案をしますか？

まとめ

はじめの一歩

相手との
接点をつくる

オープンで柔軟な姿勢で相手と向かい合う用意ができたら、「具体的に何を言おうか」などと考えておかなくても、たいてい自然にことは運ぶものです。

ただし、すでに接触を試みて失敗したことがあるとすれば、再度トライする前に、コンタクトの方法と内容を慎重に検討しましょう。

第 6 章

仲がこじれた理由を率直に話し合う

自分を正当化するような事情は、決して説明しない

多くの人は、仲たがいや絶縁状態を解消するために必要なのは、事情を説明することだと思っています。

そして「自分には悪気があったわけではない」とか「よかれと思ってやった／やらなかった」とか、そういうことを相手に理解させようとするのです。

次の男性の場合も、まさに最初はそうでした。

――弟は両親と音信不通状態で、私とも、年に数回、わずかな時間しか顔を合わ

せなくなりました。

私には、弟に対する負い目があります。私と弟では両親の扱いが違ったのです。私は頭がよくて、言いつけを守る子どもでしたが、弟は要領が悪くて、学校の勉強についていくのに苦労していました。そんな弟に、両親はよく「お兄ちゃんを見習いなさい」と言ったものです。

私は弟にわかってほしくて、何度も説明しました。そもそも私のせいで起きたことではないし、こどもの頃はそれが問題だと気づきもしませんでした。たぶん、両親も私のことを引き合いに出せば、弟ががんばるだろうと思っていたのでしょう。親のえこひいきなんて他の家庭でもよくあることです。過去は水に流したほうが、お互いにとっていいだろうとも思いました。

そういう説明を繰り返しているうちに、ある日、私は自分の言葉にうんざりしてしまいました。他に何を言えばいいかもわかりません。ところが、次の瞬間、自分でも思いがけないことに、こう言っていたのです。「あのえこひいいきは最低だったよな」。すると弟が顔を上げて、涙目で私を見つめてきました。
そして、どんなにつらい思いをしたか語り始めたのです。

55歳・男性

彼のエピソードは、こちらの説明がなんの解決にもつながらないことを物語っています。弟が心の扉を開いたのは、彼が自分や両親の立場を弁明するのをやめたときでした。

自分の立場を説明しようとすると、とかく、自分を正当化しているように聞こえたり、相手をやんわり非難しているように聞こえたりしがちです。

ですから、**説明しようなどという考えは、まず、頭から追い出してください。**

人間関係が断絶したり、ぎくしゃくしたり、接触が徐々に減っていくときは、たいてい、どちらの側もネガティブな感情を抱え込んでいます。その感情を表に出し合うことができれば、関係はより深まりもするし、ざっくばらんなものにもなる可能性があります。

ただし、本音の感情を出し合うにはリスクが伴います。双方に心の広さと柔軟性がなければ、ケンカになって、事態はむしろ悪化するだけです。一方、もしあなたがひとまず自分のネガティブな感情はしまっておいて、相手の言葉に耳を傾けることに徹するなら、決裂するリスクは小さくなります。

つまり、あなたが取りうる選択肢は2つに1つということです。

オプション1　お互いの気持ちを忌憚なく出し合えるような状況にもっていく
オプション2　相手に気持ちを語ってもらい、あなたは聞き役にまわる

ではここからは、オプション1についてくわしく見ていきましょう。オプション2については、次章でお話しします。

今この瞬間に感じていることを話す

P49の「相手に別れの手紙を書く」エクササイズを終えた人は、自分が相手に求めているものをしっかり把握しているでしょう。

そこで出てきた**あなたのなかにある願いと、その願いが満たされないことへの悲しみを言葉にしてください。**

そしてあなたが何を恐れているかも伝えてください。

こういうとき、あなたが怒りを言葉にすると、関係改善につながる場合もありますが、さらなる怒りを招いて終わることのほうが多いので注意が必要です。

あなたの怒りを耳にした相手は、自分の怒りを表明せずにいられなくなるでしょう。すると、結局は、双方が心のガードを固めることになります。

怒りとはまさに本心を守る鎧のようなものなのです。むしろ、あなたが怒りの奥に隠された繊細な気持ちのほうを表現すれば、相手も心を開く確率はぐっと高くなります。

私は、拙著『鈍感な世界に生きる敏感な人たち』（ディスカヴァー刊）のなかで、4つのステップで会話を深めていく方法をご紹介しました。

ステップ１　世間話と表面的な話をする
ステップ２　興味のあることについて話す
ステップ３　信頼する
ステップ４　直接聞いてみる

このなかの**「ステップ４　直接聞いてみる」**は、「私（自分）」が「あなた（相手）」に対して、今ここで感じていることだけについて話す段階です。**それぞれが今この瞬間、相手に対して何を感じているか、相手の反応が自分にとって何を意味するか、といったことを話し合う**のです。この「ステップ４の会話」は、心の奥に潜む、相手へのわだかまりを一掃するのに最適な方法です。

先に自分から伝える

今この瞬間に自分が感じていることを表現するために役立つフレーズをいくつかご紹介しましょう。


「私はあなたともっと仲良くなりたいと思っている。でも、あなたが同じように思っているかどうかがわからない」

「あなたがそうやって顔を背けていると、私は拒絶されているように感じる」

「私は、あなたと心が通わなくなったことが悲しい」

「こういう状況に不慣れなので、私は心臓がドキドキしている」

「なんでもいいからあなたからも質問してほしい。ちょっとした質問でも、私のことを気にかけてくれているのがわかるから」

「私が本音を語っているからといって、ぎょっとしないでほしい」

「私のことを以前のようにポジティブに解釈してくれればいいのに」

「私は、こんなふうにじっとしたまま不安を感じているより、ほんとうはあなたを温かくハグしたい」

「そんなふうに黙っていられると、私は不安になる」

「私はあなたに対して、温かい気持ちを抱いている」

「見つめ合ったときのあなたのあの笑ったような目が、私には懐かしい」


もちろん、いきなり相手に「私をどう思っている？」と聞く、というアプローチもあります。けれども、**あなた自身が勇気を奮い起こして、みずからの本心を語ったときこそ、相手が心を開こうとする確率が高くなる**のです。

オープンな心や正直さは伝染するものです。あなたが心を開くことで相手も心を開いてくれれば、2人の関係について話すことも、お互いに相手をどう思っているかを話すことも可能になります。

相手に寄り添う言葉をかけて警戒心を解く

それでも、もし相手が心を開こうとしないときは、こう言ってみてはどうでしょうか。

「いつもと違って、私が、こんなふうに率直にずばりと物を言うのは、今あなたは私の言葉をどう感じているか、心底、知りたいからなんだ」

それで相手が面食らうようであれば、さらにこう付け加えます。

「いきなりで戸惑っているかもしれないけど、率直に話してくれないかな？　あなたが今ここで本心を見せてくれないと、私はあとであれこれ勘ぐることになって、あなたからどんな反応が返ってくるだろうかとやきもきしそうなんだ」

ステップ4の会話では、相手が自分にとってどれほど重要な存在であるかをお互いに再認識することになるでしょう。すると心が晴れ晴れとしてくるかもしれません。しかも、そういう会話は忘れられない経験として記憶に深く刻まれるものです。

とはいえ、実際に今この瞬間に自分が感じていることを言葉にするというのは、言うほど簡単なことではありません。調整役の第三者を連れていって、必要なときには、休憩を呼びかけてもらうといいかもしれません。

人間関係において、**誰もがつねに心を開いて率直に語りたいと思うわけではありません**。けれども、互いがネガティブな感情も含めて本音で語り合うなら、その思いは相手の心の奥深くに伝わり、より強い絆を結ぶことになるはずです。

相手と顔を合わせたことで生じてくる心のざわつきを言葉にしようとすると、つい過去のことを持ち出したくなるかもしれませんが、自分の気持ちを語るときに重要なのは、非難の言葉をはさまないことです。

できるだけ、相手に優しい言葉をかけることから始めてください。そのほうが相手は警戒心をとき、オープンにありのままを語ろうとするものです。

もし自分の子どもの頃のことを両親と話そうというのであれば、気をつけてほしいことがあります。

あなたが子どもの頃の子育ての基準は、今とは違っているはずです。今のものさしで両親の子育てをジャッジしないように、たとえば、こんなふうに会話を切り出すといいでしょう。

「昔の子育ては、今とは違っていたんだろうね」

そして、あなたがほんとうにそう思っているならですが、こんなふうに付け加えるのです。

「父さん（母さん）はできるだけのことをしてくれたと思っているよ」

そういう言葉で良好な会話の土台をつくっておけば、あなたが実はこうしてほしかったと思っていたことも語りやすくなります。

あなたのなかに、両親にこうあってほしいという願望があるなら、そのことをシンプルに簡単に伝えてみてください。そうすれば、相手もより率直に向き合おうという気になるでしょう。

たとえば、あなたは、自分が正当に評価されていないと感じているとしましょう。そういう場合は、「今からでもいいから、話してくれないかな？　子どもの頃、私は何が得意だったと思う？　今の私のことをどう思ってる？」と言ってみてはどうでしょうか。

相手との距離感を見極める

今の感情をありのままに表明することは、相手が少なくともあなたと同じくらい、コンタクトしたいと思っている場合にはとくに有効です。

一方、相手があなたの子どもなど、とても重要な存在である場合、しかもなんらかの理由でその人のほうからあなたと距離を置いてきた場合、本音を語る前によく考えてみるべきです。あなたが本音を吐露すると、相手は非難されているような、強引に詰め寄られているような気がして、ますます遠ざかっていくかもしれません。

相手との距離感に不安があるときは、慎重に進めましょう。まずは自分の本音を語るのは控えめにして、相手に語ってもらうようにしてください。このことについては、次章でくわしくお話しします。

エクササイズ

率直に話し合う
イメージトレーニング

話の始め方を考えてみましょう

最初から相手に本音で語り合うことを持ちかけるのか、それとも、まずは相手の話に耳を傾けることから始めるのか、考えてみてください。前者を選んだ場合、自分の気持ちをありのままに、そして非難口調にならないように語る練習をしましょう。

相手の反応を予想しましょう

自分が言いたいことを書き出してみましょう。さらに、相手が本音で反応してきたときに自分がどう感じるかを予想してください。

あなたはどんなことを伝えたいですか？

相手の本音を聞いたとき、どう感じるでしょうか？

まとめ

仲がこじれた理由を率直に話し合う

関係がうまくいかなくなってしまった相手にアプローチしようというときには、**何が問題なのかを本音で語り合う**姿勢が必要です。

あなたが心を開き、相手に対して感じていることを正直に語ろうという姿勢を見せれば、その率直さは相手にも伝わり、2人の関係は以前よりも深く、充実したものになるでしょう。

ただし、自分の感情をありのままに語ることにはリスクがつきものです。相手の側に、こちらの本音と向き合う準備ができていなければ、互いに気まずい思いをするかもしれません。**最初は相手の話を聞く**ことに徹したほうがいい場合もあるのです。

第 7 章

聞きたくなかったことだとしても相手の言葉に耳を傾ける

相手の「言えずにいたネガティブな感情」に耳を傾ける

疎遠になってしまった相手と距離を縮めたいなら、まず、あなたからギフトを贈ってはどうでしょうか。つまり、「聞く耳」を差し出すのです。**今まで言えなかったことを言う機会を相手につくってあげる**と、それが突破口になるかもしれません。

人が誰かと疎遠になるとき、「相手に対する感情や考えを表現することができないから」という理由がよく挙がります。

ポジティブなことは伝えやすいので、その人が言わずに我慢してきたのは、たぶん、ネガティブなことです。そのネガティブな思いを直接伝えることができるようになれば、その人はもう、遠回しに感情を表現する必要を感じなくなります。そしてあなたと距離を置きたいという気持ちは和らぐか、おそらくは、完全に解消されることでしょう。

多くの人がいらだちや怒りを表現できずに我慢していますが、次の男性もその1人です。

友だちが正当な理由もなく約束に遅れてくると、いらいらします。それが度重なると、ネガティブな思いが積もりに積もって、もう、その人と会う約束をする気も失せてきます。

でも、私はたいてい、自分の怒りを願望に置き換えて伝えるようにしています。「あなたが時間どおりに来てくれるといいんだけど」という具合に。

ただし、そうやってあまりにも我慢していると、今度は、関係がぎくしゃくしてくるのです。

56歳・男性

なかには、別の種類の感情の落とし穴にはまりやすい人もいます。すぐにかんしゃくを起こして、声を荒らげるタイプです。

もしあなたがアプローチしようとしている相手が短気な人で、あなたに食ってかかってきた過去があるとすれば、そんな人に、さらなる怒りをぶちまけるように奨励しても意味がありません。

ネガティブな感情を表現するように促すことが有効で適切なのは、**あなたへのネガティブな感情や願いを語りたくても語らずに我慢してきた、と思われる人の**場合に限られます。

次ページのイラストの吹き出し部分は、今まで語られずにきた考えや感情を表しています。

このままでは、互いに相手が何を考え、何を感じているかわかりません。相手に本音を語るように促せば、不安は晴れてくるでしょう。

私が傷ついたのは、
あなたが……
私が退屈なのは、
あなたが……
私の気分が悪いのは、
あなたが……
あなたとの関係に
気が滅入るのは、
あなたが……
私がいらつくのは、
あなたが……
私が
懐かしく思うのは、
あなたが……
私が
望んでいるのは、
あなたが……

今まで言えずにいたことを相手に洗いざらい語ってもらうと、ときには、それが関係改善の突破口になります。

水やりが少ないと花が枯れてしまうのと同じように、あまりにも長いあいだ、言いたいことを言わずに我慢している人間関係は、生気を失っていきます。

抑圧してきた感情は互いの距離を広げ、たとえば怒りという仮面をかぶって表に出てきます。そして、関係改善のために自分から率先して動こうという意欲を萎えさせるのです。

相手の言い分を引き出し、受け止める

抑えている気持ちを知りたければ、その人が求めているものを差し出さなければなりません。つまり、**こちらが謙虚になって歩み寄る**ことです。

それと同時に、相手に怒りや悲しみ、不満を吐き出す機会を与えてあげれば、向こう側から歩み寄ってくる可能性も高くなります。

あなたから歩み寄りの姿勢を見せ、相手の感情を引き出すためには、たとえば、こんなふうに言うといいでしょう。

「私と暮らすのは、あなたにとって必ずしも楽ではないだろうね」
「私が1人で出かけたとき、あなたは寂しい思いをしただろう。
今はそれがわかる」
「私が転職したあと、疲れ切っていて、しばらくきちんと向き合えなかったね。
きっとあなたはつらい思いをしただろうね」
「ときどき、自分でも、不機嫌でよそよそしいと思うことがある。
あなたもそう思っているんじゃないかな？」

相手のつらさを思いやり、それをきちんと言葉にすると、その人のネガティブな感情を正当なものとして認めてあげることになり、さらには、相手の話しづらかった感情を引き出すことができます。
たったそれだけのことでも、相手は心を開いて、本音を話しやすくなる場合があるのです。

重要なのは**相手の話に耳を傾けること**、そして、たとえ、あなたの自己イメージを傷つけるような話であっても、**それに対して自分の言い分を説明したり、自己弁護したりしようとしないこと**です。弁明や弁解は相手の感情を否定することにつながりやすいからです。

相手にきちんと耳を傾けてください。そして、話の腰を折らずに、相手に思いの丈を語らせてあげてください。

聞き手であるあなたは、相手が言いよどんだとき以外は、何も言う必要はありません。

もし相手が途中で口をつぐんだら、そのときは質問を投げかけて、先を促してください。たとえば、「なるほど、そのことをもっとくわしく聞かせてほしい」と何度でも言えばいいのです。そうすれば2人のあいだの距離は縮まりもするし、相手の目も生き生きとしてくることでしょう。

では、対話を始めるためのヒントになりそうな事例をいくつかご紹介します。

事例①　夫のつらさを認める

ジェーン「セーレン、あなたに話したいことがあるの」

――顔を上げるセーレン。まるで、汚れたおむつを取り替えて、と言われたかのような表情。

ジェーン「私と暮らすのは楽じゃないでしょう？」

――セーレンの額のしわが消える。少し興味をもち始めたようだ。

ジェーン「どんなときが大変かしら？」

――返すべき言葉を探しているようなセーレン。

ジェーン「たとえば、あなたは、自分のサッカーの試合を私に見に来てほしいと思ってるよね？」

セーレン「でも君は来たくないんだろう？」

ジェーン「私ね、自分でもときどき思うんだけど、機嫌が悪いとき、あなたにつらい思いをさせているわよね」

――その言葉に、セーレンはｉＰａｄをいじるのをやめる。

ジェーンはセーレンのつらい思いを推測しています。その推測が当たっているかどうかは重要ではありません。

大切なのは、彼女がセーレンに耳を傾けようとしていて、たとえネガティブな感情でも聞く用意があるという姿勢を示していることです。

事例②　娘の気持ちを代弁する

母「私みたいな母親だと、あなたも大変でしょう」

――何ごとだろうと顔をあげる娘。

母「学校の勉強のこと、私に根掘り葉掘り聞かれるの、嫌だよね？」

娘「うん、まあ」

母「それ以外にもうんざりしていることが、いろいろあるんじゃないかしら」

——娘は何か言いたそうだが、言わずにいる。

母「何か言ったら私を悲しませるんじゃないかって、心配しなくてもいいのよ。もし私がそうなったら、パパが慰めてくれるから。あなたが私のどんなところをつらいと感じているか話してくれると、うれしいわ」

——娘は黙っているが、前向きに考えているようだ。

母「今すぐじゃなくてもいいの。よく考えて、あとで教えてね。あなたの本心を知りたいの」

もしこの母親が、「私の毎日はどんなに大変でどんなに忙しいか」といった自分の立場の説明から始めていたら、うまくいくものもいかなくなっていたでしょう。そういう話は、あとからでもできるのです。それをいきなり始めたのでは、心を開くためのプロセスが台無しになってしまいます。

相手の言い分に耳を傾けるのは簡単なことではありません。おそらく自分にとって耳の痛い話も聞かされるでしょう。けれども、閉じた心の扉を開かせるプロセスでは、相手の話を最後まで聞き届けることが重要なのです。

事例③ 疎遠になった息子への手紙

ヘンリクへ

私は、あなたが連絡をくれなくなった理由をあれこれ考えてきました。あなたが本心を話してくれたら、どんなにいいでしょう。

私のような母をもつことは、きっと大変だったはずです。振り返ってみると、私はずいぶんうるさい母親だったと思います。たとえば、あなたが出かけるとき、何をしに行くのか、しつこく知りたがったものでした。

あなたをあまり自由にさせてあげられなくてごめんなさい。

かまわないでくれと何度も言われながら、私は聞く耳をもちませんでした。
あの頃をやり直せたらいいのにと思います。
でも、あなたが私に会いたがらない理由は別にあるのかもしれませんね。
どうか私に聞かせてください。

母より

この母親は息子のヘンリクが連絡を取らなくなった原因を推測しています。さらに「理由は別にあるのかもしれない」というフレーズを加えることで、自分の推測が間違っている可能性や、ほんとうの理由を聞こうというオープンな姿勢も示しています。

事例④ 友人への謝罪の手紙

ゲルダへ
私が約束を直前になってキャンセルしたこと、あなたは、きっと怒っていますよね。会うのを楽しみにしていたでしょうから、無理もありません。
私に埋め合わせをさせてもらえないかしら。
あなたに会いたいわ。

エヴァより

ご覧のとおり、この手紙でエヴァは、自分の事情を説明したり、弁解したりしないようにしています。
もちろん、約束をキャンセルしたのには、彼女なりの事情があるはずです。そのことを説明したいのはやまやまでしょう。けれども、相手の心の扉を開くためのプロセスでは、その種の説明が邪魔になることを、彼女は理解しているのです。

傷つく準備をする

相手が問題を明らかにしないまま疎遠になった理由は、さまざまに考えられます。もしかすると、その人はあなたを傷つけたくないのかもしれません。

あなたにとってたとえ耳の痛い話であっても**真実を聞く用意があるなら、そのことを相手に伝えましょう。**たとえば、こんなふうに。

「ほんとうは私のことをどう思っているか、教えてくれませんか？　私を傷つけるかもしれないなんて、心配しないで。たとえ不愉快なことでも、真実を聞きたいと思っています。何も知らずに、変な想像を膨らませていたくないから」

相手に尋ねる前に、まず、あなたの側に、その人のネガティブな感情を聞く用意ができていなければなりません。前もって練習しておきましょう。

たとえば、**その人からの手紙を自分で書いてみてください**。その手紙には、想像しうる最悪の内容を盛り込みます。書けたら、声に出して読みあげてください。そうやって、自分の事情を説明したり、弁解したりしたくなる気持ちを、抑える練習をするのです。

今、必要なのは、聞く耳をもつこと。そして、心を開いて、最終的にこう言えるようになることです。

「あなたがこうして打ち明けたことで、胸のつかえが下りたと感じてくれたら、私もうれしい」

カレンは、娘のロネからのネガティブな内容の手紙を書きました。

ママへ
私の子ども時代は惨めでした。
ママの頭には、近所の人や自分のことしかなかったものね。

ロネより

こうして、カレンは娘からの手紙を書くことで、最悪の場合に備えようとしました。ところが、自分で書いた手紙を読んでみると、どっと怒りが湧いてくるし、一方的に責められているような気がしてきます。

このままでは、娘ときちんと向き合えそうもないと思った彼女は、心理セラピーを受けることにしました。

そして数回のセラピーで、娘のネガティブな感情を受け止める練習をし、それと同時に、自分の目標を見失わないようにもしました。彼女の目標とは、「何があっても娘との絆を取り戻すこと」でした。

あなたは、相手のネガティブな感情を受け止める用意ができていますか？**もし不安があるなら、そのことを第三者と話し合う**ことをおすすめします。口では「ほんとうのことを教えてくれ」と言いながら、心の底で相手の話を受け止める覚悟ができていないとしたら、そのことは、ボディ・ランゲージや声の調子、あるいは行間から、相手に伝わってしまうものです。

こういうことに関しては、いくら準備してもしすぎることはありません。相手にコンタクトしようという試みが一度失敗すれば、次のチャンスはなかなかめぐってこないかもしれないのです。

もしあなたが優しくほがらかで愛情深い人であって、さらにはよき親やよき友、あるいはよきパートナーであろうと努力しているとすれば、それはそれで特別な注意が必要です。

優しくほがらかな友だちや肉親に対して、人はネガティブなことを言いにくいからです。

もし誰かがあなたから距離を置いているとすれば、その人は、あなたに対するいらだちや怒りを表現したら、自分のほうが悪者になりそうな気がしているのかもしれません。

だから、あなたに本心を見せるよりも、距離を置くことを選択したのでしょう。

そういう場合、あなたの側から、**ネガティブな感情を受け止める覚悟があることを示す**べきです。

次にご紹介する、いくつかの事例を参考にしてください。とくに注目していただきたいのは、そこに登場する母親や父親、夫が、ネガティブすぎるくらいの想像力を働かせ、「おぞましい」「憎む」「この世で一番の大馬鹿者」といった、かなり強い言葉を使っていることです。

事例①　息子から本音を引き出す母

母「我ながら、おぞましい母親だったと思うわ」
息子「おぞましいかどうかは別として、たしかに、かなりいらつかされたことはあったよ」
母「やっぱり、そうよね。たとえばどんなときかしら？」

もし母親が柔らかめの表現を使っていたら、たとえば、「たまに不愉快な思いをさせたわよね」と言っていたら、息子は「かなりいらつかされた」とは言いにくかったでしょう。

事例② 息子から本音を引き出す父

父　「子どもというのは親を愛すると同時に憎みもするものだ。おまえも私をときどき憎いと思ってきただろうね」
息子　「父さんを憎んだことなんてないよ。すごく頭にきたことはあるけど」
父　「おまえがすごく頭にきたのはどんなときだろう。そのときの気持ちを聞かせてくれないか」

もしこの父親が「憎む」という強い言葉を使わなかったら、息子も「すごく頭にきた」と本音を漏らせなかったでしょう。

事例③　妻から本音を引き出す夫

夫「ときどき、僕のこと、世界で一番の大馬鹿者と思っているだろうね」
妻「まあね。世界で一番とは思わないけど（笑）」

ご覧のとおり、**こちらが強い言葉を使えば、相手からネガティブな本音を引き出しやすくなるのです。**本音の会話は、両者のあいだの溝を埋めて、絆や理解を深めるための道を切り開いてくれるでしょう。

自分の本音を話すのは、関係が安定するまで待つ

相手が本音を語ると、こちらも本音を語りたくなるものです。一番の理想は、相手もあなたの話に耳を傾けるだけの用意ができていることですが、現実はそうとも限りません。

聞く耳をもっているかどうかわからない相手に、いきなりあなたが自分の考えや感情を伝えるのは考えものです。**ぎくしゃくしていた関係が十分に安定し、2人で何かポジティブな経験を共有するまで待つ**べきでしょう。

残念ながら、相手があなたのネガティブな感情をいつか必ず受け止められるようになる、という保証はありません。

相手が成人したわが子であれば、親であるあなたは自分のネガティブな感情を受け止めてもらおうなどと期待しないかもしれません。

親はひたすらわが子の悩みに耳を傾け、手を差し伸べようとするものだし、そうやって未来の世代の助けになれることが生きがいでもあります。

一方、親と子の関係ではない場合、**相手だけが本音で語り、自分は語らないという不均衡を受け入れることは、容易ではない**かもしれません。

ただし、そんな不均衡が気にならないくらい、相手が自分にとって重要な存在という場合もあります。

ハンス・ペーターから「しばらく会わないほうがいい」と言われたとき、私はつらい思いをしました。でも、それを彼に伝えれば、彼は腹を立てるだけです。

おそらく「君が気難しい人間だから、会わないと決めたんだ」とかなんとか言うに決まっています。そうすればまたケンカになって、仲直りするのに時間がかかります。

だから彼に私の気持ちを理解してもらおうとするのはあきらめました。その代わり、女友だちに悩みを打ち明けることにしています。

そうすると、彼と私のあいだのポジティブな面だけに目を向けられるからです。

38歳・女性

幸いにも、彼女は、親友に話すことで心を軽くすることができました。

受け入れてもらえないことも覚悟する

相手が思いの丈を語れるような機会を、あなたからつくってあげたとしても、相手が同じようにしてくれるとは限りません。ネガティブな感情にまつわることとなると、本音を受け入れられない人もいるのです。

私が悲しい思いをしているという話を友だちにすると、彼女は親身になって聞いてくれます。ところが、その悲しみの原因が彼女自身にある場合、そうはいきません。

たとえば、彼女がときどき私ではなくて別の友だちとの付き合いを優先することが、私には悲しいのですが、それを話すと、彼女はつっけんどんになって、機嫌が悪くなるのです。

エマ、24歳

どうやら、このエマの友だちは、子ども時代からの心のトラウマを抱えているようです。子どもの頃、彼女は母親から「あの子と付き合うのはいいが、この子はだめだ」といちいち指図されていました。そして、大人になった今は、エマに母親と同じことをされているように感じています。

つまり、エマに対していらだち以上の強烈な反応を起こしてしまうのは、この友だちが過去に母親へ抱いていた未解決の感情を引きずっているためです。

また彼女は共感力があまり高くないのかもしれません。そのために、エマに非難されているように感じて、ネガティブな反応を示してしまうのです。

あなたもエマのように、友だちの言動に傷ついたことを本人に打ち明けた途端、相手がフリーズして、コミュニケーションがとれなくなったという経験はないでしょうか。

繊細な問題を話している最中に、ネガティブな反応を返されるのは、気分のいいものではありません。でも、その人との関係があなたにとって重要なものであれば、**この先、楽しい思い出を共有できるように、気持ちを切り替えればいいのです。**

一緒に楽しいことをしていれば、傷ついた過去の思い出はやがて薄れていくものです。

ただし、相手に本心を語るのをあきらめる前に、考えてみるべきことがあります。つまり、**自分のコミュニケーションのとり方に、相手の心のシャッターを閉めさせるような問題は潜んでいないか**、ということです。

あなたの声の調子や表情に非難めいたところはありませんか？

正しい言葉を選び、調子よく話を進めているようであっても、心のどこかに相手を責める気持ちがあれば、それはときとしてボディ・ランゲージ、表情、声の調子に表れます。

心配な場合は、第三者にアドバイスを求めてください。電話で相談するなら、会話を録音しておいて、あとで聞き返してみるといいでしょう。思慮に欠けるような話し方をしていれば、自分でもそれとわかるはずです。

そして、もしあなたが相手に本心を語るのをあきらめるとしても、当面のあいだのことです。たいていの人は、時が経てば、今よりも優しく、柔軟になるものです。今は無理なことでも、何年か先には可能になるかもしれません。

自分の気持ちを観察しましょう

相手からの怒りの手紙を書いて、それを読んだときの自分の気持ちを観察してください。

どんな気持ちになりそうですか?

あなたは、相手のネガティブな感情を聞き入れることができそうですか? よく陥るのは、以下のようなパターンです。

・自分を弁護してしまう
・かんしゃくを起こしてしまう
・集中力が途切れてしまう

聞き入れる自信がないとしたら、さらに練習を積みましょう。

相手のネガティブな感情を受け入れられるようになってから、初めて相手にコンタクトすべきです。

一人では不安な場合は、友だちや心理療法士など、第三者に相談するといいでしょう。

エクササイズ

相手の言葉を聞き入れる

相手のネガティブな感情を引き出す練習をしましょう

たとえば、次のようなフレーズを使います。


「今では、あなたが私にいらだったことがよく理解できる。

何しろ、あのとき私は……」

「私が……したとき、あなたはきっと悲しんだだろう」

「私のことを、支配的すぎる／退屈すぎる／聞く耳をもたないという人たちがいるけれど、あなたはどう思っている？」

「私は自分でも付き合いにくい人間だと思う」

「あなたは私に……してほしいのでは？」


どんなフレーズを使ってみたいですか？

まとめ

聞きたくなかったことだとしても相手の言葉に耳を傾ける

離れていってしまった人にアプローチしようというときには、**こちらが話を聞く姿勢を示せば、相手も歩み寄りやすくなります。**

あなたの働きかけ方次第で、「ネガティブなことでも話そう」という気を相手に起こさせることができるのです。


もちろん、両者が本音で語り合えるなら、それに越したことはありません。互いに心が軽くなるでしょう。

でも、それができない場合もあることを覚えておくべきです。

第8章

向き合って くれない人で あっても できる限り 受け取る

向き合ってくれない人もいることを、理解する

自分から与えられるものはあまりなく、むしろ相手から多く与えられることを必要とする人がいます。だとしても、そんな相手との関係が人生を豊かにしてくれる場合があります。

人にとって最大の喜びとは「愛されることより、愛を必要としている人を愛し、支えになること」にあるからです。

だから、見返りを期待できない相手との関係を続けようとすることは、不思議でもなんでもありません。

もしかすると、あなたとその人のあいだのできごとが、２人の関係を特別なものにしているのかもしれないし、たとえ与えるばかりの関係でもかまわないと思うほど、あなたは相手を深く愛しているのかもしれません。

どのような関係が幸せかは、本人が決めることです。ただし、**あなたが見返りを求めずに誰かを愛し、その人を思いやると、そんなあなたを別の誰かが愛し、思いやってくれるはずです。**そうでないと、長い目で見たとき、人生はうまくいかないからです。

残念ながら、世のなかには、共感力に乏しく、身近な人間のニーズになかなか気づくことができない人がいます。

たとえば、友だちや家族の誰かに、あなたが「こうしてほしい」とシグナルを発しているのに、相手はいっこうに気づいてくれず、そのことを本人に話しても、協力しようというそぶりも見せてくれない、そんな経験はないでしょうか？

次の3つの事例も、こちらのリクエストを聞き入れてくれないケースです。

事例① 怒っている娘に罪悪感を抱えるハンネ

ハンネの成人した娘は、子どもの頃のことで母親に腹を立て、大きな不満を抱えています。

今ではハンネにも母親として未熟だったという自覚があります。「自分の子育てのやり方は逆効果だった」と思うエピソードは数えきれません。

とくに、自分でも悲しくて恥ずかしいと感じていたいくつかのことについては、すでに娘に謝罪し、自分が間違っていたと説明してきました。

でも、娘の怒りは収まらず、ハンネは罪悪感に苛まれています。

母と娘は今でもときおり顔を合わせて、一緒に時間を過ごしていますが、ハンネは娘の視線に冷たさを感じずにはいられません。

そのことを娘に話そうとすると、会話はいつも途切れてしまいます。娘にとって触れられたくない話題であることは明らかです。

事例②　逃げてばかりの母と向き合いたいウルリク

ウルリクは、彼がまだ子どもだった頃から、母親の飲酒について問題を抱えていました。

彼女から息子に与えられるものは、たいしてありません。それでもウルリクには、わずかながら母親との絆を感じた思い出があって、そんな絆をまた取り戻せたらいいのにと思い続けてきました。

ところが、彼が母親との距離を縮めようとしても、ほとんどいつも失敗に終わります。彼が子どもの頃のことを持ち出すと、途端に母親は自己弁護を始め、とりつく島がありません。

結局、ウルリクはひと言も自分の気持ちを伝えられずにいます。母親は聞く耳をもたず、自分のことしか眼中にないようです。

母親には罪悪感があって、その重さに耐えきれず、逃げてばかりいるのは明らかです。ウルリクが子どもの頃もそうでした。

十代の頃、ウルリクが母親の飲酒をやめさせようとしたときなど、酩酊した彼女は「自分が酒を飲むのは、おまえが悪い子だからだ」とさえ言いました。

たった一度のこととはいえ、母親のその発言はウルリクの心に深く刻まれ、それ以来、彼の劣等感の一部になりました。

大人になってから、心理セラピーによってある程度は克服したものの、今もわずかに心の傷として残っています。

事例③ 息子に連絡を絶たれている母メッテ

メッテの息子は彼女に会おうとしません。息子が十代後半の頃、親子ゲンカをして以来、音信不通の状態です。

最初のうち、メッテは高をくくっていました。どうせ思春期特有の反抗だろうから、息子はすぐに帰ってくるだろうと思ったのです。ところがそうはならず、今は心配でしかたがありません。

息子と話をしようとあらゆる方法を試したものの、どれもうまくいきませんでした。息子が連絡を絶ってから、はや数年、メッテはもう母親として受け入れてもらえないのではないかと、半ばあきらめかけています。

これら3つの事例のように、相手が向き合ってくれない場合でも、最低限、打てる手はあります。それでは次のページから、アプローチのしかたについてくわしく見ていきましょう。

相手に求めることを具体的にリクエストする

前述したハンネ、ウルリク、メッテの3人には、自分の気持ちを整理するために、手紙を書くようにアドバイスしました。

つまり「絆を取り戻したいと思っている肉親に宛てた手紙」と「その肉親からの手紙」を自分で書くという方法です。

具体的な書き方はP33からの第2章でお話ししたとおりです。その手紙を書くことで、自分が相手から何を聞きたがっているか、どんな言葉を聞けば心が安らぐかということが、見えてきます。

自分が聞きたい言葉がわかったところで、３人は、それぞれ、**相手とゆっくり落ち着いて話せる場所と時期を設定**しました。
当日は、まず、相手の善意に訴えることから始め、罪悪感を抱かせるようなことはなるべく言わないようにしました。

では、３人が、心が安らぐと感じた言葉と、実際にそれをどうやって引き出したかを、１人ずつ見ていきましょう。

事例①　ハンネと娘の雪解け

ハンネが娘のソフィから聞きたかった言葉は、「ママはベストを尽くしてくれたと思う」です。

娘と話そうとするたびに失敗してきたハンネが、ようやく、対話を実現させることができたのは、こんなふうに切り出したときです。

「ソフィ、子どもの頃、あなたにはいろいろつらい思いをさせてしまったわね。それでも、あなたは私の幸せを祈ってくれているよね。（ここで少し間を置いてから）実はあなたにお願いしたいことがあるの。あなたの口から『ママはベストを尽くした』と聞けたら、私はきっと楽になるでしょう」

最初のうちこそソフィは答えてくれませんでしたが、数日後、ハンネの望みどおりの言葉を返してくれました。

斜めのほうを向いて、視線を合わせないままであっても、声をつまらせながら話すその様子から、本心だということが伝わってきます。それを聞いたハンネは、一人になってから、安堵の涙を流しました。

長いあいだの胸のつかえが下りた瞬間でした。

事例② ウルリクと母の和解

ウルリクが母親から聞きたかった言葉は、「ウルリク、あなたは悪い子なんかじゃなかった。とても気の利く子だったわ」です。

ウルリクは、母親に罪悪感を抱かせるようなことは絶対に言うまいと思いました。そこで、こんなふうに切り出したところ、みごと目的を果たすことができたのです。

「母さん、子どもの頃、僕が悪いことをしていると文句を言った人が誰かいたの？」

すると母親は即座に「ノー」と答えます。ウルリクは続けました。

「母さんは僕を悪い子だと言ったことがあったけど、あれは間違いじゃないかな」

その瞬間、雲行きが怪しくなってきました。母親が、自分はそんなことを言った覚えはない、と大声で否定したのです。でも、ウルリクは冷静でした。

「じゃあ、僕の聞き違いだろうね」

やがて母親が落ち着いてきたところで、ウルリクは続けました。

「母さんには、僕が幸せでいることが何より大切だよね」

母親がうなずきます。

「実は母さんに言ってほしいことがあるんだ。それを言ってくれたら、僕はきっと気が楽になる」

彼は、母親が心を開いたのを見計らって、「あなたは悪い子なんかじゃなかった。とても気の利く子だったわ」という言葉を言ってほしいことを伝えました。するとと彼女は、前半部分は言えなかったものの、後半部分は何度も繰り返しました。

「ウルリク、あなたは気の利く子だったわ。あなたにはずいぶん助けられたものよ。母さんははっきり覚えてる。あなたはとても気の利く子だった」

母親との会話を終えたウルリクは、まるで荒れ果てた庭の手入れをしたかのように、すっきりした気分でその場をあとにしました。

事例③ メッテと息子の復交

さんざん考えた末にメッテがたどりついた結論は、息子から年に数回、メールで近況を報告してもらうことでした。それが現実的に妥当な解決策のようです。

彼女は「たとえ今は顔を合わせてくれなくても、メールを送るくらいのことはしてくれるだろう。そうすれば、離れていても、少しだけ自分が息子の人生にかかわっているように感じられる」と思いました。

それに、他人に息子のことを聞かれたとき、答えに困らなくなります。わが子と絶縁状態だ、などという、つらくて恥ずかしい話をしなくて済むのです。

息子は彼女の願いを聞き入れてくれました。淡々と事実を伝えるだけのメールなので、息子が何を考え、何を感じているかまではわかりませんが、メッテは、なんの連絡もないよりよほどましだと思いました。

完璧な関係修復にこだわらない

もちろん、相手が自発的に罪滅ぼしの言葉を言ってくれたり、こちらからも自分の近況を伝えられたりすれば、どんなにいいでしょう。でもそれが無理なら、**何もしないより、次善の策を選ぶ**べきです。

ハンネとウルリクのように、相手に言ってほしいセリフをこちらから伝えるとか、メッテのように現実的で具体的な提案をするとか。

人は大切な家族や親しい友人には幸せであってほしいと願うものです。ただし、**誰もがその願いを素直に口にできるわけではありません。**そうなるまでに、かなりの心理的な助けが必要な人もいます。

さらには、自分のなかの罪悪感を解決できていないがために、むしろ相手との距離を広げるかのように、延々と自己弁護を繰り返してしまう人もいます。


傷つきやすい相手や、心が離れてしまっている相手から、たとえ**好ましい言葉や近況報告を引き出せなくても、こだわりすぎないでください。**


その人の代わりに、あなたに優しい言葉をかけてくれる別の誰かとの出会いがあるかもしれません。必要ならば心理療法士に助けを求めることだってできます。

もちろん、問題の相手から肯定的な言葉を聞けるなら、それに越したことはありません。きっと心が軽くなるはずです。

それに、今は無理でも、将来は聞けるかもしれません。たいていの人は、時とともに優しく柔軟になるからです。

エクササイズ

相手へリクエストする

相手から聞きたい言葉を具体的に挙げてみましょう

どんな言葉をかけてほしいですか？

「その言葉を言ってほしい」と相手に頼んだら、どうなりそうですか？　うまくいきそうでしょうか？

まとめ

向き合ってくれない人であってもできる限り受け取る

世のなかには、与えるものをほとんどもたない人がいますが、そういう人とでも関係を続けようとするのは、不思議なことではありません。相手が肉親であればなおさらです。

与えるものをもたない相手に**期待するのをやめれば、あなたにとって、その人との関係はむしろ実り多いものになる**可能性があります。

たとえ向き合ってくれなくても次善の策を選び、できる限り受け取れるように、相手へリクエストしてみましょう。

第 9 章

怒りだけが
理由とは限らない。
隠れた原因を
推測する

怒り以外の要素で、相手があなたを遠ざける理由はなに？

関係がぎくしゃくしてきたとき、相手に理由を尋ねても正直に答えてくれないと、こちらは置き去りにされているようでつらい思いをします。

そんなとき真っ先に頭に浮かんでくるのは、「きっと相手は何かに腹を立てているに違いない」という考えです。怒りは人と人を隔てやすいからです。

しかし、怒りだけが関係を疎遠にする理由とは限りません。

相手がはっきり理由を言わないのは、その理由を恥ずかしいと思っているからかもしれません。おそらく、あなたとの関係に幸せを感じられなくなった理由を言い出せずにいるのです。

具体的には次のような理由が考えられます。

1. 相手は、気持ちが変わって、新しい友だちと付き合っている
2. 相手には、あなたとは関係のない別の理由がある
3. 相手は、あなたが一方的にいいとこ取りをしていると思っている
4. 相手はあなたに嫉妬している

理由1. 相手は、気持ちが変わって、新しい友だちと付き合っている

怒りのようなネガティブな感情が絡まなくても、人間関係はときとして薄れていきます。もしかすると、相手は、**今までとは違う興味関心の対象や新しい付き合いで忙しい**のかもしれません。

とはいえ、置き去りにされる側には訳がわからないでしょう。自分は心変わり

もしていないし、今までどおりの関係を続けていきたいと心から願っているからです。

そんな人に向かって、心変わりした側は、おそらく、恥ずかしくて理由を言えないのでしょう。正直に「気持ちが変わったんだ。これ以上、あなたと付き合っても発展性がないし、退屈になってしまった。わかってもらえないだろうけど、今は別のことに興味が向いている」と言ったら、偉そうな人間に思われやしないかと不安なのかもしれません。

理由2. 相手には、あなたとは関係のない別の理由がある

現代人はスケジュールいっぱいの忙しい毎日を送っています。誰と一緒に過ごすかという選択に優先順位をつけないわけにはいきません。

新しい付き合いが始まれば、当然、別の誰かと過ごす時間はなくなります。なじみのある古いものより、新しいもののほうが刺激的だという単純な理由で、関係が疎遠になることもあるのです。

理由３．相手は、あなたが一方的に いいとこ取りをしていると思っている

その人との関係で、あなただけが一方的にいい思いをしているのかもしれません。たとえば、相手はよく話を聞いてくれて、あなたよりも知識が豊富で、あなたにとって、おいしい人だったりするのです。その人のほうが何かとあなたに尽くしているということです。

もし相手がそんなふうに一方的な関係だと感じているとすれば、あなたからアプローチするのはやめておく、という選択肢もあります。その結果、関係が自然消滅すれば、あなたは悲しい思いをするでしょうが、同時に肩の荷が下りるはずです。あなたがどんなにがんばって関係を維持しようとしても、**相手がその努力を認めてくれないようなら、無理な関係は手放して、より互恵的な人との関係を大切にしたほうが、あなた自身のためになります。**

ただし、別の選択肢もありえます。相手があなたにとって「かけがえのない」

友人であるなら、その人にとってもっと魅力的な存在になれるように、あなたが努力してはどうでしょうか。

たとえば、**相手が関心をもっていることに、あなたも関心をもつ**ようにするのです。ほんとうはあなたにとって興味のないことであっても、知ってみると、意外とおもしろくなってくるかもしれません。

そのことに関する本を読んだり、話題にしたりするうちに、次第にあなたが興味をもち始めれば、相手も歓迎するはずです。あなたがあまり好きになれないとしても、その人にとって具体的に何が重要なのかがわかってきます。あなたがそのことを質問すれば、相手はきっと喜ぶでしょう。

自分を魅力的にする方法は山ほどあります。

たとえば、その人のために昼食をつくる、出かけるときに車を運転してあげる、その人の子どもを代わりに見ていてあげる、といった方法で相手を助けてあげてはどうでしょうか。

相手は、あなたとの関係が対等ではないと感じていても、言い出せずにいるかもしれません。そんなときは、あなたから「あなたに会いたい人は他にも大勢いるのに、私を選んでくれてうれしい」と切り出してはどうでしょうか。

これまでのさまざまな交友関係で、あなたは、友だちとして優先順位を低くつけられることがありませんでしたか？　相手に別の友だちができると、あなたは真っ先に忘れられていったりしませんか？　もしそうだとすれば、**もっと魅力的な友だちになるための努力をすればいいのです。**

魅力的な人には、ワクワクすることを見つけるのが得意、相手の話によく耳を傾ける、ユーモアがある、自然体でいられる、などの特徴があります。どれも生まれつきの素質ではなく、努力して手に入れるものです。

もしあなたが聞き上手でないなら、聞くためのコツを学んでください。

たとえば、アクティブ・リスニング（積極的傾聴）の講座を受けるというのは、どうでしょう。また、話がおもしろくないと思われることが多いなら、それも変えていきましょう。

転職でも、引っ越しでも、旅行でも、新しい趣味の発掘でも、なんでもトライしてください。ユーモアや自然体だって、身につけるための講座があります。心理セラピーやコーチングも役に立ちます。

理由4．相手はあなたに嫉妬している

あなたが人生で何かしら成功を収めると、今まで仲良くしてきたのに、そのことに我慢できなくなる人がいます。成功にはその種の代償がつきものなのです。

嫉妬とは苦しいものです。嫉妬は一種の欠落状態だからです。

たとえば、必死で愛を求めながら、手に入れることができない人にとって、幸

せで愛情あふれる関係を築いている親友の姿を見るのはつらいでしょう。キャリアがうまくいっていない人にとっては、同じ職種の親しい人が成功したという話は、聞くに堪えないのです。

妻を亡くしたあとの数カ月間は、夫婦仲のいい友人たちと付き合うことができませんでした。
ある友人が私のことを心配して、声をかけてきたときもそうです。「いつでも好きなときに、立ち寄ってくれていいんだよ」と何度も言ってくれたのに、私は一度も行きませんでした。彼は古くからの親友です。でも私はどうしても行く気になれなかったのです。せっかくの誘いに前向きに応じられない自分自身が嫌でたまりませんでした。奥さんが健在でいる親友のことを、素直に喜べればよかったのですが。

73歳・男性

親しい人間関係がうまくいかなくなったとき、**裏で嫉妬の感情が働いているのではないかと考えてみてください。**

たとえば、あなたが会社で昇進する一方で、相手は職場をクビになったとか、あなたが夢のマイホームを手に入れる一方で、相手は破産したという場合、十分に関係悪化の原因になりえます。

嫉妬を感じている人は、たいていの場合、恥ずかしすぎて本心を語ろうとしませんが、そんなときは、こちらから助け舟を出しましょう。

相手の心情を思いやって、こんなふうに言うのです。「自分が求めているものを親しい人間が手に入れるのを目の当たりにするのは、さぞかしつらいだろう」と。さらに「しばらくこの話をするのはやめよう」とも提案します。すると、ぎくしゃくした雰囲気が和らぐ可能性があります。

当面は別の話題に集中するようにすれば、そのうち、相手はあなたの新しい恋愛や仕事の成功が気にならなくなるかもしれません。

もう1つの有効な方法は、どうすれば相手があなたと同じように成功できるかを話し合ってみる、という方法です。自分に自信をもてるようになれば、嫉妬は薄れていくものです。

エクササイズ

相手が離れた理由を考える

相手が疎遠になったのは、怒りの感情とは別の何かが原因かもしれません。考えてみましょう

・相手の気持ちが変わって、別の友だちと付き合っている、ということはありませんか?
・あなたは、相手に嫉妬を抱かせるような大きな成功を収めていませんか?
・その人は、自分が得るものより与えるもののほうが多い、一方的な関係だと感じてはいないでしょうか?

なぜ、相手と距離ができたのでしょう?

まとめ

怒りだけが理由とは限らない。隠れた原因を推測する

親しかった人が連絡をくれなくなると、私たちはすぐに「相手が怒っているからに違いない」と考えがちです。しかし、**実際には、こちらとは何の関係もない理由で離れていく場合もあります。**

現代社会では、一生同じ友だちと付き合うとか、ずっと肉親と連絡を取り合うという人はそう多くありません。一生のあいだに住む場所も変われば、その人自身も変わります。何か問題があって、関係が疎遠になるとは限らないのです。

あなたは会いたくても、相手はあまり会いたがらないという場合、相手には、おそらく、言い出しにくい理由があるはずです。恥ずかしくて言えないのかもしれません。そういうときは、**相手の心情を推し測ってあげましょう。**オープンに話し合うことができれば、万が一、それで関係が終わることになるとしても、心は軽くなります。

相手があなたと距離を置き始めたのは、２人の関係が近すぎる、干渉されすぎだと感じている、という場合があります。この件に関しては、次章でお話しすることにしましょう。

第 10 章

相手と自分を混同しない

健全な絆を結ぶために、自分と相手を区別する

心理的な距離が遠い人とは親密になれません。しかし、**心の距離が近くなりすぎるのも問題**です。

互いが同化したようになって、自分のニーズと相手のニーズの区別がつかなくなるのです。

これを私は「自他融合的《コンフルエント》な関係」と呼んでいます。同じ現象について、私は「共生的《シンバイオティック》な関係」という表現を使うときもあります。

新しい人間関係では、相手のなかに自分との類似点を見つけるたびに、自分が認められたようでうれしくなるものです。

なかには、自分がいかに相手と似ているかを重視するあまり、相手との違いを軽視して、自分らしくいることを忘れてしまうこともあります。相手の考えにめったに異論を唱えず、互いの共通点ばかりを肯定しようとするのです。

自分と考え方や感性が似通った人と付き合うのは、安全でたやすいことかもしれません。しかし「同じであること」には代償が伴います。

おそらく、**どちらの側も相手に合わせるために、どこかしら自分を抑えている**に違いないからです。自分らしさを抑えて、ありのままの自分を見せず、しかも、自分でもそれを意識しないようにするのは疲れるものです。

ではここで、典型的な自他融合的な関係のカップルについて、見てみましょう。

イェンスとカリーナは結婚して数年になります。2人はこれまでに一度もケンカをしたことがありません。ほとんどどんなことに関しても意見が一致します。

たとえば、2人とも今の政府には我慢がならないと考えています。内心、カリーナは今の政治にさほど問題があるとは思っていないのですが、イェンスと対立したくないので黙っています。

それと同様に、2人のあいだでは、カリーナの同僚が不快な人物ということになっていますが、イェンスには、その同僚が彼なりにベストを尽くしているように思えるときがあります。ただ、それをカリーナに言うなどということは考えられません。言えば、彼女を傷つけてしまいそうで、不安なのです。

長い休暇の旅行は決まってキャンピングカーで出かけています。イェンスは飛行機が苦手だからです。カリーナはキャンピングカーがあまり好きではありませんが、イェンスには言いません。ましてや、ほんとうはアメリカに行ってみたいなどという話はしたこともありません。

どちらの家族も「イェンスとカリーナはどう思う？」とか、「イェンスとカリーナは何をしたい？」といった表現を頻繁に使います。

常日頃の様子から、家族も、２人が同じことを考え、同じものを求めていると思っているのです。

自他融合的な関係は、退屈で単調なものになりがちです。

コントラストに乏しいので、ちょうど絵の具の赤と黒が混ざると茶色になるように、本来の自分の個性が目立たなくなるのです。しかも、お互いが相手を知り尽くしていると思っているから、相手が内心で何を感じ、何を考えているかということに、興味をもたなくなります。

２人のあいだにはほんとうの意味での絆がありません。絆を結ぶためには、**自分は自分であることを意識し、それを相手に見せる必要があります。さらには、相手を、自分とは異なる、計り知れない魅力をもった存在として受け止めなければならないのです。**

「私たち」ではなく「私」「あなた」を主語にする

自他融合的な関係にある人は、「私」「あなた」の代わりに、何かと「私たち」という表現を使うようになります。たとえば、「私たちは一緒にいると幸せだ」とか「私たちは実家を訪ねるのが好きだ」といった具合です。

同じであることが2人を結びつけているため、共生的な関係から抜け出すなどということは、不安でできません。

相手との類似点に注目して、「私たちがどんなに似通っているか」を力説しているうちに、相手に引かれてしまったとか、うんざりされた、という経験があなたにもないでしょうか？

あるとすれば、それはおそらく、**相手が自分らしくいられずに窮屈さを感じた**からです。そういうときは、その人が自分らしくいられる余地をあなたが認めてあげれば、相手は距離を縮めるでしょう。

では、ここからは「私たち」ではなく、「私」「あなた」で表現する方法を具体的に見ていきましょう。

「私」「あなた」のフレーズは、意見や感じ方の違いがあっても大丈夫だ、というシグナルを発することができます。

「私たちは気が合う」

↓**「私はあなたといるのが好きだけど、あなたはどう思っている？」**

「私たちはそのうち会おう」

↓**「あなたがよければ、私はそのうち会いたいと思っている」**

「私たちはいつも2人でよく笑う」

↓**「私は2人でよく笑ったと思う**（そう記憶している）**。あなたはどう思っている？」**

「私たちはとても楽しい時間を過ごした」

↓**「私はあなたととても楽しい時間を過ごした。あなたはどう感じている？」**

もし相手の本音を引き出したいのなら、**「あなたが私に複雑な感情を抱いていてもおかしくはない」**と言ってもいいでしょう。そうやって、ネガティブな意見でも受け入れる用意があることを示してから、**「あなたの考えを聞かせてほしい」**と続けるのです。

このように「非融合的」な表現を使えば、相手の考えや気持ち――たとえ、それが自分の考えや気持ちと違うものであっても――を聞こうという姿勢があることを伝えられるのです。

逆の立場を考えてみましょう。

もしあなたの相手が、あなたの考えを聞かなくてもわかっていると思い込んでいて、しきりに「私たち」という表現を使うとしたら、そういう人と付き合うのは息が詰まるはずです。何しろ、相手はあなたに自分らしさを表現する余地を与えてくれないのですから。

その人といると、あなたは自分が自分であるという感覚をなくしてしまいます。相手はあなたをまるで自分の分身か何かのようにしか見ていません。

あなたは、**別個の人間として見てもらえず、耳を傾けてもらえないことに、不満を募らせる**でしょう。

あなたと自分を似た者同士だと決め込んでいる相手が、「私たちは一緒だとうまくいくね」とか「なんだかんだあっても、私たちは元のさやに収まったね」と言ってきたとき、あなたは納得できなくても、雰囲気をこわすのが嫌で、言い返せないかもしれません。でも、もししっくりこないなら、そんなさやからは飛び出して、自分らしくいるほうがいいのです。

次のような表現は、自分の気持ちを伝えるときに役立ちます。

「あなたが私といて楽しいのはよくわかるけれど、私があなたのことをどう思っているかも聞いてほしい」

「あなたが、この旅行を2人とも楽しんでいると思っているのはわかった。私も基本的には同感だけれど、お互いに別の人間だから意見が違っていても当たり前でしょう。私にとって、この旅はいい経験だった。でも、実を言うと退屈なところもあった」

相手への向き合い方を急に変えるのは難しいものです。関係があまりにも親密になりすぎたときは、何週間か会わないようにするといいかもしれません。再会したときに、お互いに相手を新鮮な目で見ることができ、それまでとは違うスタンスをとりやすくなります。

人はみな、幼い頃に自他融合的な関係を経験します。

生まれてまもない赤ん坊にとって、母親とのあいだに自他の境界はありません。一方のニーズを他方が察するという一心同体の関係が、その時期の理想のあり方なのです。

ところが、私たちの多くは、幼いときに、そうした健全な自他融合的な関係を十分に経験せずに育ってきました。そのため、大人になってから、自他融合的な関係に魅力を感じるのです。しかしそれは心理的に健全ではありません。

当事者双方が自分らしさを見せることができないのですから、人間関係の質としてはお粗末なものです。

子どもの考えや気持ちを聞いてみる

多くの親子のあいだで、度を超した自他融合が起きています。

子どもの頃に健全な共生的関係を十分に経験しなかった親は、知らず知らずのうちに、わが子を相手に、その不足の穴埋めをするようになります。

たとえば、「娘は私と瓜二つだ」「息子の生意気さは私の子どもの頃とそっくりだ」という親の発言は、不健全な関係性を示している可能性があります。

親のなかには、わが子の気持ちが手に取るようにわかると思っている人がいますが、おそらく、そういう人は**子どものなかに自分自身を見ているにすぎないの**です。子どもの側は自分を理解してもらえていないと感じている場合がよくあります。

もしあなたが、自分の子どもから距離を置かれているとすれば、よく考えてみるべきです。気づかないうちに、わが子をまるで自分の一部か何かのように扱っていないでしょうか。

もしそうだとすれば、その子は、自分自身を取り戻すための心理的なスペースが必要で、あなたと距離を置いているのです。

自分は相手の考えや気持ちがよくわかっている、という思い込みには、とりわけ、相手がわが子の場合、気をつけなければなりません。

聞かなくてもわかっているなどと思わずに、**その子の考えや気持ちに興味をもち、本人に尋ねてみる**ほうがよほどいいのです。

子どもを自分自身と重ね合わせ、自分とそっくりな面ばかりに目が行くとしたら、しばらくは、その逆のことをしてみてください。

つまり、**自分とは違う面にとくに関心を向ける**ようにするのです。

エクササイズ

自分と相手の違いを意識する

「私たち」ではなく「私」「あなた」のフレーズを使う練習をしましょう

たとえば、共通の経験を話題にするとき、「私はこの経験を〇〇〇だと思うけれど、あなたの感じ方は違うかもしれない。どう思っているか聞かせてほしい」と言うようにします。

相手との違いを表現しましょう

最初は、色の好みについてなど、ちょっとしたことからでいいのです。まず相手に好きな色を尋ねたら、今度はあなたの番です。自分の好きな色をはっきりと伝えられるようにしましょう。

試しにわざと相手とは反対の意見を言ってみてください。相手に同調しているときより、よほど活気が出て、笑い合う場面が増えるかもしれません。

相手と違うところはどこですか？

まとめ

相手と自分を混同しない

自分は相手と考えが違うのにそれを伝えずにいると、その人間関係は退屈で欲求不満だらけになります。それでいて、自分では何が問題なのかわからなかったりします。

親子があまりにも自他融合的な関係に陥ると、子どもは自分らしさを取り戻すために、親とかなり距離を置くようになります。

自分と相手との違いを認め、別々の人間として接していきましょう。

第11章

家族関係に目を向ける

親から受け継いでいる行動パターンに気づく

もしあなたが母親とうまくいっていないとすれば、おそらく、あなたの母親も自分の母親や父親とうまくいっていなかったかもしれません。さらには、そのまた母親や父親も自分の親とうまくいっていなかった可能性があります。

子どもの頃の経験は、よいことであれ悪いことであれ、親から子へ、あるいは別の身近な肉親へと伝わりやすいのです。

あなたの人間関係のスキルは、子どもの頃、一番近くにいた養育者から教わったものです。

心理セラピーなどを通して対人スキルを学び直したのでない限り、あなたは、自分の親がそうであったのと同等のレベルでしか、他者とのあいだに感情的なつながりをもてません。人との向き合い方は自分の親と似たものになり、その同じパターンは身近な肉親へと受け継がれていきます。

わが子への向き合い方が、まさか自分の親から受け継いだものだとは、信じられないという人もいるでしょう。

でも、よくよく考えてみると、自分が教わったものを無意識のうちに子に伝えていた、というケースは多いのです。

子どもの頃、わが家には厳格なテーブルマナーがありました。食事のたびに、張りつめた冷たい空気を感じたものです。

そういうわけで、自分が親になってからは、楽しい食卓をつくるのに一生懸命でした。子どもたちのお行儀が悪くても大目に見てやり、1日のできごとを尋ねたりして、ともかく会話を途切れさせないようにしたのです。

ところが、子どもが大きくなると、「なぜ自分たちにテーブルマナーを教えてくれなかったんだ」と文句を言われました。マナーを知らないばかりに、友だちの家に呼ばれたとき苦労するのだそうです。そのうえ、「昔、食事時にあれこれしつこく聞かれるのが、ものすごく嫌だった」とまで言われてしまいました。

57歳・女性

彼女は、自分の親とは反対方向を目指していたつもりが、結局は、親と同じように過酷な食事風景を再現していただけでした。極端な行動を改めて、中庸を選ぶというのは、容易なことではありません。

とかく私たちの行動は、一方の端から他方の端へとスイングする振り子のようになりがちです。**両極端の途中でバランスをとれるようになるのは、自分の行動パターンと、それが及ぼしている影響に気づいたとき**なのです。

次のエピソードは、父親の問題にかかわりすぎて苦労した男性が、やがて、自分の心のうちをわが子や友人に見せなくなった様子を伝えています。

この事例もまた、バランスのよい行動をとることの難しさを示しています。

十代は父と2人暮らしでした。父からしょっちゅう女性問題を聞かされていた私は、そのうち自分がなんとかしてやらなければならない、と思うようになりました。父を孤独から救い出すことが自分の義務であるかのように感じていたのです。

大人になってからの私は、わが子であれ、他人であれ、絶対に自分の悩みを打ち明けるのはやめよう、相手の心に重荷を負わせるようなことはするまい、と決めていました。だから、いつも幸せで元気そうなそぶりを見せていたのです。でも、何年もあとになって、私の生き方がわが子や友人たちを戸惑わせていたことに気づきました。私が何を感じているのか、どんな人間なのか、彼らにはさっぱりわからなかったからです。

52歳・男性

ここに挙げた2つの事例は、人間がいかに極端から極端へと走りがちかということを示しています。きちんと注意していないと、誰もがこのパターンにはまります。場合によっては、心理的な助けが必要かもしれません。

自分の親のようにはなるまい、もっといい親になろう、と思っていたにもかかわらず、気づけば、あれほど嫌っていた親の行動パターンを自分もとっていた、などというのは、屈辱的な発見でしょう。

けれども、そうした行動パターンが、家族のなかで代々繰り返されてきたものだと思えば、自分の親を許しやすくもなるし、自分自身の過ちを認めやすくもなります。

それは何世代にもわたる根の深い問題であって、あなたの親1人だけの責任ではありません。

ただし、**あなたがその問題を少しでも解消して、わが子に対して、自分の親か**

ら受けたよりも健全な向き合い方ができるようになるなら、未来の世代の親子関係はよりよいものになるはずです。人間関係を改善するスキルも、また、家族間で代々伝えていくことができるのです。

次の世代に何を伝えたいかを考える

親子の関係を今より健全なものにしようというとき、その相手は自分の親である場合と、わが子や孫である場合の2つが考えられます。この2つが重なったときには、絶対的に優先すべきは後者の関係です。

もし、**あなたが自分の親と一緒にいることにエネルギーを使いはたして、子どもとの関係をおざなりにしているとすれば、親との接触を減らすべきでしょう。**

よくあることですが、わが子に対して情緒的なかかわりが希薄だった親ほど、あとから子どもにいろいろと要求するようになるものです。

大人になってから、そういう親に振り回され、それと同時に、自分が親から十分与えてもらえなかったものをわが子に与えてやろうとするのは、大変なことです。

あなたも、そういう状況に陥って、にっちもさっちもいかなくなっていないでしょうか？　もしそうだとすれば、どうか**ご自分のための時間をつくってください**。そして、場合によっては、**誰かに助けを求めてください**。

わが子であれ、それ以外の身近な肉親であれ、あなたが何かを受け継がせたいと思っている相手ときちんと心のつながりをもてるように、しっかり態勢を整えてください。

なかには、自分の親とのあいだに境界線を引くのが苦手な人もいます。

聖書に「父と母を敬いなさい」という教えがあるから、親より自分や子どもを優先するなどということはできない、と考えるのです。

「父母を敬え」は、旧約聖書の出エジプト記に書かれた十戒の1つですが、その掟が定められたのは、社会福祉サービスがなかった時代です。

昔は、子どもが面倒を見なければ、老いた親は飢え死にしていたでしょう。

今はもう、そういう時代ではありません。したがって、**要求ばかりを突きつけてくる親に振り回されるくらいなら、自分自身が親として次の世代に愛を伝えていくという使命に専念したほうがいい**のです。

親が子に与え、その子がまた次の世代に与える、というのが、ものごとのあるべき自然な流れです。ところが親が弱いと、その流れが逆向きになります。子どもは子どもで、そんな親に負い目を感じて、不釣り合いなほどに責任を引き受けるようになります。

親とわが子の両方と同時に向き合うだけのエネルギーがあればけっこうですが、親の要求が大きすぎる場合、あるいは、**親と子の両者に対応するだけのエネルギーがない場合は**、**子どもを優先すべき**です。子どもには未来があり、次の世代のために伝えるべきものを必要としているからです。

エクササイズ

家族のなかの問題について考えてみる

家族のなかにどんな問題がありますか？　家族の他のメンバーが、その問題をどう思っているか尋ねてみましょう。

- あなたの家族のなかに、心の病を患った人はいますか？ 自殺してしまった人はいますか？
- あなたが育った家庭では情緒的なかかわりが希薄でしたか？
- 家族のなかに、コミュニケーションを苦手とする傾向はありますか？
- 家族のなかにいると、自分は自分という意識をもちにくいことがありますか？

家族のなかにどんな問題がありますか？

もし家族にネガティブな傾向が見られるとしても、そういう重たい遺産を背負っているにもかかわらず、自分はよくやっていると褒めてあげましょう。

まとめ

家族関係に目を向ける

私たちは他者とのつながり方を親から学びます。

親が自分にしてきたのと同じ向き合い方を、自分もわが子や友人に対してしている、もしくは、親とは反対の方向を目指していたはずが、結局、同じパターンを踏襲しているというのは、よくあることです。

あなたが抱えている対人関係上の問題は、おそらく、父親や母親が抱えていたそれとよく似ているでしょうし、何世代も前から続いてきたものでもあるでしょう。

もしあなたが、自分は完璧な親になろうとか、前の世代の過ちをいっさい繰り返さないようにしようと思っているとすれば、それは自分自身に無理難題を押しつけているようなものです。

背伸びしすぎないで、どうか、**自分が親から受け取ったものより、ほんの少しよいものを子どもに伝える**ようにしてください。それだけでも、未来の世代にポジティブな影響を与えられるのですから。

第 12 章

関係を終わらせることにした理由について考える

関係を終わらせることにした7つの理由

人と会わなくなるときの理由はさまざまです。別れるのが自然な場合もあれば、慎重に考えてみるべき場合もあります。

あなたが関係を終わらせることにした理由は、次のどれかに当てはまりますか？

1. 相手と一緒にいるとリラックスできなくなった
2. 相手の悩みごとを聞いていると憂鬱になる
3. 相手と一緒にいるのが退屈になった

4. 相手から期待されている役割に違和感を覚える
5. 相手にとって私はあまり重要な存在ではない
6. 相手に自己イメージを傷つけられる
7. 相手に精神的、身体的な暴力を加えられる

このような理由に当てはまったら、ばっさりと関係を絶ってしまいたいと思うかもしれません。

しかし、状況によっては、相手と適度な距離を保ちながら付き合うことが望ましい場合や、傷ついた本心を相手に伝えたほうがいい場合もあるのです。

では、それぞれの理由をくわしく見ながら、正当なものかどうか検討していきましょう。

相手と一緒にいるとリラックスできなくなった

理由の1つ目としては、一緒に過ごしていても安心できなくなることです。**その人といて落ち着かなくなるのは、おそらく、自分のなかに引き起こされる感情とうまく折り合いをつけられないからです。**心理セラピーでは、「自分を抑える」ことの難しさがしばしばテーマになります。

あなたは、身体のコントロールが利かなくなるほどの感情の高ぶりを経験したことはないですか？　それは、ポジティブな感情でもネガティブな感情でも起こりえます。

かつてはとても大切だった人と一緒にいて、身体が拒否反応を示すとしたら、かなり強い感情が作用しているに違いありません。その感情とは、怒りかもしれないし、悲しみや嘆き、不安、混乱かもしれません。

あるパーティーに、別れた彼も呼ばれていると知りながら出かけたときのことです。彼の姿を見た途端、どうにも落ち着かなくなりました。怒りと悲しみと恋しさがどっと押し寄せてきたのです。すぐにでも会場を飛び出して、家まで飛んで帰りたいくらいでした。

でも結局、思いとどまりました。そして、離れたところで彼を観察しながら、自分に言い聞かせたのです。

「心配しないで。あなたの感情はこの状況ではまったく自然なものよ」

そうやって何度か深呼吸していると、数分で身体も頭も落ち着いてきました。

38歳・女性

あまりにも強い感情に襲われたのでない限り、できるだけ、その場にとどまる

努力をしましょう。そして、**深呼吸をしながら、自分の感情をありのままに受け入れる**のです。

相手と出会ったときに備えて、あらかじめ第三者に話しておくのもいいでしょう。話してみると、自分の感情を肌で感じることができます。深い呼吸を繰り返しながら、全身をその感情で満たし、少しずつ慣らしていく練習をしましょう。

ある種の感情と向き合う能力は、筋力のように鍛えることができます。

重いものを持ち上げたことがないと、腕の筋肉は弱いままですが、少々きつくても持ち上げる練習をしていると、徐々に筋肉がついていきます。

ある種の感情に対処する能力も、その感情に適度に自分自身をさらすことによって鍛えることができます。

洗濯してきつくなったジーンズがはいているうちに伸びていくように、ありのままの感情から逃げ出さずに向き合っていると、その感情を受け入れるだけの心の容量が増えるのです。

こういう場合も、P48・49の「相手への願いを言葉にする」エクササイズが有効です。

自分の感情について書く――あるいは話す――たびに、あなたは、その感情と折り合いをつけることがうまくなっていきます。

そうした能力は他の人間関係でも役立つので、ぜひエクササイズをやってみてください。いつのまにか、以前よりも感情に振り回されにくくなっている自分に気づくことでしょう。

とはいえ、感情が強烈すぎたり、複雑すぎたりする場合、その感情を理解し、対処できるようになるためには、専門家の助けが必要です。

適切な助けを得られれば、あなたを悩ませている人間関係が改善されるだけでなく、あなた自身が人として成長することができます。

相手の悩みごとを聞いていると憂鬱になる

2つ目の理由は、相手の悩みを聞いてばかりで憂鬱になってしまうことです。もし**相手が大きな悩みごとをあなたに打ち明けるばかりで、自分で解決しようとしないなら、そういう人とは付き合わないほうが、気が休まります。**

次の女性の場合も、同じ理由で母親と別れる一歩手前までいきました。

母はもう何年も、入れ歯のことで不満を抱えていました。しょっちゅう歯科医と言い争いになっては、「こんなへたくそな治療にお金を

払う気になれない」と怒っていました。歯科医に「心の問題ではないか」とやんわり指摘されたこともありますが、母の怒りはいっそう激しくなるばかりでした。

そんな母が私に自分の歯の悩みを洗いざらいぶちまけに来るのは、医療システムのひどさを娘が一緒になって憤ってくれると思ったからです。でも、母の話を聞かされると、こちらは気が滅入るだけでした。

34歳・女性

彼女にとって、母親の悩みごとに付き合うのはエネルギーの無駄にしか思えませんでした。いくら母親の怒りや不満に耳を傾けたところで、問題はいっこうに解決しないからです。

大切なエネルギーは自分の子どものために使うほうがいいと思いました。

そこで、彼女はこんなふうに言って、母親がまくしたてるのをやめさせることにしました。

「お母さん、私は一人っ子だし、いろいろ打ち明けられても、お母さんの悩みごとまでは解決してあげられないのよ。お母さんの歯の話を聞いていると、気が滅入ってくるわ。もうその話はしないで」

すると、母親は娘に裏切られたように感じて、腹を立てましたが、歯の話はそれきりしなくなりました。それは母親にとっても賢明な選択でした。さもなければ、娘と会えなくなっていても、おかしくなかったでしょう。

家族や友だちが同じ1つの悩みを抱えたまま堂々巡りを続け、自分から適切な助けを求めようとしないとすれば、**そういう人の話を聞かされたり、悩む姿を見せられたりする側は、心に重荷を背負わされるようなものです。**

相手と一緒にいるのが退屈になった

次の理由としては、相手との時間を退屈だと感じることです。

デンマーク語の「kede sig（退屈している）」は言語学的に「ked af det（悲しい）」と近い関係にあります。考えてみてください。もしかすると、相手とのあいだに何か悲しいできごとや不安なできごとがあって、あなたはその気持ちを相手に正直に伝えられなくなっているのではありませんか？　あるいは、あえて意見を戦わせるよりも、適当に話を合わせて相手を喜ばせるような関係になってはいませんか？

もしそうだとすれば、**そのことを正直に話し合ってください。**そうすれば退屈さは解消できるでしょう。

第6章のP103では「ステップ4の会話」――「私（自分）」が「あなた（相手）」に対して、今ここで感じていることだけについて話すという方法――についてお話ししました。本音の対話を始めたいとき、そして心のなかに潜むわだかまりを一掃したいときにうってつけの方法です。ここでもそのコミュニケーション方法が役立ちます。単刀直入な表現は退屈さを吹き飛ばしてくれることでしょう。


ヒントになりそうな表現をいくつかご紹介します。


「私は、あなたと一緒に何かをしたいという気持ちをなくしてしまったみたい」

「あなたと話をしていると、私は時計ばかりを見てしまう」

「あなたは私が驚くような、新しい話をしてくれたらいいのに」

「私が話をしているとき、何か質問してくれないかな？　そうすれば、私の話に興味をもってくれているんだなと思えるから」

「真面目ぶってないで、もっとくだらないことをあなたとしたいんだけど」

「あなたとまったく会えなくなるのは悲しいけれど、今までみたいにしょっちゅう会っている必要もないよね」

ここまでダイレクトな言い方は、エチケットの専門家なら推奨しないかもしれません。相手を傷つけ、怒らせてしまう恐れがあるからです。

けれども、**そもそも燃え尽きかけている人間関係ならば、失うものは多くないはずです。それに、瓢箪から駒で、思いのほか、よい結果が出るかもしれません。**ステップ4の会話に徹している限り、少なくとも、退屈さは解消されるでしょう。

とはいえ、本音を語ったことで、あなたとその人はそれぞれ別の方向に歩み出して、次第に接点がなくなっていくということもありえます。役目を終えて、もはや重要ではなくなった人間関係を延命させることに、なんの意味があるでしょうか。

人は絶えず成長を続けるものです。一生のあいだずっと同じ交友関係を維持できると思うのは、むしろ現実的ではありません。

相手から期待されている役割に違和感を覚える

4つ目の理由は、相手とのかかわりのなかで、違和感のある役割をさせられていると感じることです。

大人になってから親と接触しなくなった人は、その理由を、「自分に対する親の言動や見方と、自分で思っている自分のイメージとのあいだにギャップが生じたからだ」と言います。親の目に映る自分の姿を自分と思えなくなり、混乱するのです。

そういう人は、心のどこかで、親が接している自分はほんとうの自分ではないと感じています。

おそらく、生まれる前から親が用意した鋳型《いがた》があって、その鋳型に自分をはめ込もうとしてきたのでしょう。子どもの頃も今も、その鋳型に収まりきれない部分を見せようとすると、理解されていないような、無視されているような気分になります。

そういう人の親は、自分もつらい子ども時代を送っていたことが多いのですが、そのトラウマと向き合おうとはしません。そういう親は同じ1つの役割を演じ続けるという落とし穴にはまっています。わが子をエンドレスゲームの人質に取りながら、その自覚がないのです。

私の母は完璧な母親を演じずにはいられなかったようです。そして母が目的を果たすためには、娘の私は幸せで、気立てがよくて、賢い子どもでいなければなりませんでした。小さい頃から、直感的にそれが自分の役割だと思っていたのです。

でも、大人になってからは、そんな自分はほんとうの自分ではないと気づきました。ほんとうの私は、馬鹿げたこともするし、気難しくもなるし、信じられないくらい悲しくなるときもあるのです。

自分の新たな一面を見つけて、それを吸収するたびに強くなり、自分らしくなっていくのを感じています。でも母は今の私と向き合ってはくれません。母にとって私はあいかわらず、優しくて賢い子であり、自分自身はそんな娘をもつ完璧な母親なのです。

顔を合わせても、私は、母が私を見ているようにも、私の話を聞いているようにも感じられません。まるで透明人間にでもなったような、夢のなかにいるような気分になるのです。

母を尋ねたあとは、恋人に話を聞いてもらうようになりました。つらい思いを理解してもらえたとき、ようやく自分らしさを取り戻すことができて、ほっとするのです。

50歳・女性

人は誰でも、ありのままの自分を理解してもらう必要があります。

相手のなかにある自分のイメージがゆがんだままでは、自分という人間の核となる部分を守り続けるのに苦労するでしょう。自己意識が不安定な人の場合はなおさらです。

親から与えられる役割を自覚する

あなたの親は、わが子が心の奥で何を願い、どんな人間なのかということに関心をもてない人だったでしょうか？　親にほんとうの自分を見てもらえなかった、本心を聞いてもらえなかったという人は、おそらく、安定した自己意識をもてずにいるはずです。

そういう人は、どんなに自分らしくいようとしても、親の要求には屈してしまいます。だから、親と一緒にいるのがつらくて面倒になるのです。

程度の差こそあれ、私たちはわが子に何かしらの役割を期待し、子どもの側もその役割を引き受けるものです。

問題が起きるとすれば、その役割があまりにも固定化してしまって、たとえ本人にそぐわないものであっても修正が許されない場合です。

相手の求める役割に振り回されない

他者に対して柔軟に役割を期待できるかどうかは、**自分自身がどれくらい柔軟か、そして、どれほど多くの異なる役割をレパートリーとして備えているか**によります。

たとえば、「楽しくておもしろい人」の役割しか果たせない人は、他者に「観客」の役割だけを期待します。

つねに「話をよく聞き、手を差し伸べる人」だけを演じる人は、相手役に「問題児」を求めます。

「罪のない犠牲者」役の人は、相手に「救済者」か「破壊者」のどちらかを期待します。

また、過去の役割を引きずったまま、その役割が相手にとってはなんの意味もないにもかかわらず、演じ続ける人がいます。その人は相手にも同じ1つの役割しか期待していません。

相手の内面を見ようとも、理解しようともせず、興味ももてません。

ときおり、電車のなかで、隣の乗客に身の上話を始める女性がいたりしますが、そういう人は隣の人に対して、いつも一方的に「ヘルパー（助ける人）」の役割を負わせています。

相手がどんな人間だろうとおかまいなし。話を聞こうとしているのか、それとも、疲れていて、そっとしておいてほしいのか、知ろうともしません。

父親が、息子を他の子どもよりずっと優秀だと思い込んでいる場合もあります。息子も、父親に褒められたのがうれしくて、何ごとにも一番になろうとしますが、やがて、ほんとうの自分を見失っていくのです。

他者の求める役割から抜け出す

自分自身の心理ゲームに他者を利用するのは、ある種の虐待であり、当事者双方にとって不健全なものです。利用する側には悪意がないとしても、知らず知らずのうちに、ずるずると過去を引きずって抜け出せなくなる場合があります。他者を利用している側であれ、利用されている側であれ、あなたが当事者であるなら、第三者にそのことを相談すべきです。

親と子のあいだで起きているとすれば、これは複雑で難解な問題ですから、原因を突き止めて、新たな絆を結び直すためには、親も子もかなりの助けを必要とします。

親を前にしたとき、あなたが混乱したり、自分が間違っていると感じたり、非現実感に襲われたりするとしたら、それは、あなた自身にも現在進行中の人間関係にもかかわりのない、ある種の心理ゲームに巻き込まれてきたからかもしれません。

つまり、あなたは親の幻想に付き合わされているということです。そういう幻想に付き合わされるのは、どう考えても、あなたにとって重荷であり、エネルギーの無駄でしかありません。それに誰の得にもならないのです。

そんな幻想にはさっさとけりをつけて、抜け出してください。幻想がこわれるときに痛みはつきものですが、現実という確かな地面に足をつけて生きていくほうが、誰にとってもよいのです。

タンゴを踊るには2人の人間が必要です。1人が新しいステップを始めれば、もう1人は合わせられなくなります。あなたが相手から与えられた役割を演じるのをやめれば、相手は自分の役割をうまく演じられなくなるでしょう。すると不快になって、その不安や苦しみをあなたにぶつけてくるはずです。

でも、どうかあなたは**あきらめずに新しいステップを踏み続けてください。**長い目で見たとき、それが双方にとって正解になるからです。うまくいけば相手も自分が助けを必要としていることに気づくでしょう。

親はわが子になんらかの役割を期待しがちですが、そうした現象は他の人間関係でも起こりえます。とくに、自分をあまり主張しないタイプの人は、他者から一方的に役割を押しつけられやすくなります。

つまり、自分はどんな人間で、何を求め、何を求めていないかを明確に打ち出している人ほど、誰かの心理ゲームの犠牲にはなりにくいわけです。

大切な人と一緒にいても、自分らしくいられない、のびのびできないという場合、**付き合うのを完全にやめてしまうのではなくて、手紙やメールで連絡を取り合う**という手もあります。

そうすれば、訳のわからない複雑な心理が絡んでいる相手であっても、あなたは、落ち着いて自分らしさを発揮できるからです。

相手にとって私はあまり重要な存在ではない

5つ目の理由は、相手から尊重されていないように感じてしまうことです。こちらが相手を重要に思うほど、相手から重要に思われていないというのは、つらいものです。自尊心を傷つけられることにもなります。

カップルのあいだでも、2人がまったく同じように愛し合っているというケースはまれです。通常は、どちらか一方が他方に寄せる思いのほうが大きいのです。そのこと自体は問題ではありませんが、**2人のあいだの愛情や関心の差が大きくなりすぎると、思い入れの強い側がよりつらい思いをします。**

一方は四六時中、相手と一緒にいたいと思うほど夢中になっていても、他方は、ときどき会えればいいとか、表面的な付き合いで十分と思っているとすれば、2人は早晩、会わなくなるでしょう。

マーティンと付き合っていた頃、私の頭のなかは彼の人生のことでいっぱいでした。悲惨な子ども時代を送ったマーティンが気の毒で、心の底から愛おしさを感じていたのです。

それで、彼に何かピンチが訪れるたびに、私は力になろうとしました。アドバイスもしました。私自身のことや私の人生が話題になることはまれだったけれど、ずっとそんな調子で付き合っていたのです。マーティンは何も質問してこなかったし、私が自分の人生や、今打ち込んでいることについて話し始めると、彼は途端に興味をなくしたからです。

何かをしようと提案するのも、いつも私からでした。映画を見に行こうとか、会おうとか、何度誘ったかわかりません。でも、マーティンからの誘いはほぼ皆無でした。

そんなある日、私は急にむなしくなったのです。それで連絡を取るのをやめたら、付き合いは自然消滅していきました。悲しくてしばらくは泣いてばかりいましたが、今は、彼との関係が終わってよかったと思っています。

42歳・女性

子どもが親から自然な愛情や興味を注いでもらえない場合も、つらい思いをします。あなたの親は、あなたの兄弟姉妹を優先して、あなたを後回しにしていないでしょうか？

実家に行くと、親から兄の話ばかりを聞かされます。どんな試験を受けて成績がどうだったとか、仕事の選択肢がたくさんあるとかなんとか。僕が、今受けている訓練プログラムのことを話そうとしても、親は興味を示しません。

24歳・男性

自分を家族の厄介者のように感じて、親と絶縁状態になる人もいます。親に何かを期待するたびに、がっかりさせられ、惨めな思いをさせられてきたからです。

子どもの頃に両親の離婚を経験した人は、親の再婚先の子どもたち、つまり義理の兄弟姉妹より、自分が格下の扱いを受けているように感じることもよくあります。とくに父親が新しい家庭をもったときに、そう感じるケースが多いようです。

父に電話をすると、週末に家族が全員集まって、すばらしい時間を過ごしたという話をしつこく聞かされます。そういうとき、私は悲しみで胸をちくりと刺されたように感じるのです。家族の集まりに私がいなかったことを、父は気にも留めていないのですからね。

28歳・女性

子どもにとって、注がれるべき健全な愛情を親から注いでもらえないとき、その親と顔を合わせるのは、さぞかしつらいことでしょう。

しかも、その親の家庭が自分抜きで十分に成立していると感じられたら、自尊心が傷つくのは無理もありません。見過ごされ、軽視されるのは、愛されないのと同じくらい悲しいものです。

家族と一緒に過ごすたびに、自分は軽んじられていると感じて、当の家族にそのことを話してもらちが明かず、不満を募らせているくらいなら、**会いに行く回数を減らすなり、時間を短くするなりして、他の人間関係を優先する**べきです。

ただし、あなたが親として、子どもから軽んじられているという場合は、また別です。**わが子と縁を切るようなことは絶対にしないでください**。たとえ、その子のもう一方の親や友人や大切な存在に比べて、自分が二の次、三の次の扱いを受けているとしてもです。

わが子が他のことに夢中になっていようと、つねにバックアップしてやることが親の運命だと思ってください。そのことをつねに自覚しておくべきです。たとえ、子どもが頼っているようなそぶりを見せなくても、子どもはあなたを必要としているのです。

相手に自己イメージを傷つけられる

次の理由は、相手に自分の悪いところを指摘され、自己イメージを傷つけられることです。

自分にとって耳の痛い話をあえて聞かされるということは、少なからずあるものです。相手は「あなたに人として成長してほしい」と思っているのかもしれません。たとえば、あなたが威圧的すぎるから、あるいは、傷つきやすくて影響されやすいから、そこをなおしたらどうか、と。

おそらく相手の側にあなたを傷つける意図はないでしょう。でも、わざわざ口に出したからには、それなりの理由があると思っていいでしょう。

人として成熟するということは、自分の嫌な面に気づくことでもあります。その際、成長の助けになるのは味方よりもむしろ敵だった、ということがよくあります。

味方は絆を失いたくないがために、あなたの成長を妨げている面に見て見ぬふりをしますが、その点、敵はあなたの痛いところを遠慮なく突いてくるからです。

もしあなたの友人や家族のなかに、**果敢にも――何かを失う覚悟で――あなたの好ましくない点を指摘してくれる人がいるとすれば、その指摘は宝物だと思ってください。**

そのことでプライドを傷つけられたからといって、あなたが関係を断ち切るのは、自分を深く知る機会をみすみす手放すようなものです。

相手からどう思われているかを知るのはつらいかもしれませんが、それは、人間として成長するためのバネであり、チャンスなのです。

試しに、別の人にも尋ねてみてください。自分が人からどう見られているかを、より意識できるようになります。

もしも友だちや家族があなたのことを、ののしったり、馬鹿にしたり、皮肉ったり、あるいは、あなたに対して不愉快で失礼な態度をとるとしたら、もちろん、話は別です。

人に完璧さを要求する権利など誰にもありません。もし相手が、**あなたの可能性を伸ばしたくて苦言を呈しているのであれば、そこには優しさが感じられるはずです。**

相手に精神的、身体的な暴力を加えられる

最後の理由は、精神的あるいは身体的に暴力をふるわれることです。暴力を我慢する必要など誰にもありません。**暴力をふるうような相手とは別れるべきです。**その人に対して、何をどこまで許すかという境界線の引き方がわからない場合は、第三者に相談してください。

身体的な暴力は一目瞭然ですが、精神的な暴力となると、見極めは難しいものです。参考までに、精神的暴力の要素と言える典型的な例をいくつか挙げておきます。

●精神的な暴力の要素となる例

・あなたの行動にやたらと疑いをかける
・異常なほどあなたを責める
・あなたの人間性を批判する
・あなたを個人攻撃する
・あなたを無視し続ける
・あなたに不快なあだ名をつける
・あなたを兄弟姉妹と比較して貶める
・あなたを容赦なくののしる
・あなたをにらみつける
・あなたが何かを言うと、目を剥く
・物をこわすといって脅かす
・身体的暴力をちらつかせる

相手の暴力が原因で関係を絶ったのなら、むしろ喜んでください。あなたは自分を守ることができたのですから。身体的であれ、精神的であれ、暴力をふるわれて当然などという人はどこにもいないのです。

本書は人間関係の修復を目指していますが、暴力が絡む場合は、その限りではありません。ただし、ひと口に暴力と言っても、一度きりの場合と、継続的な場合とでは事情が異なります。

たとえば、子どもの頃、親に精神的または身体的な暴力を加えられていたとすれば、あなたが親と二度と会わないという選択をするとしても、それは当然のことです。

会わないからといって、親に対する愛情を完全になくしたわけではないし、ときおり手紙を書くなり、クリスマスにカードを送るなりして、少しばかり愛情を示すことだってできます。また、親自身が虐待を受けて育った不幸な人であるとも考えられます。

そういう親とでも交流し続けることには——もちろん、相手が今はもう暴力的ではないことが前提条件ですが——あなたにとってメリットがないわけではありません。離れていても接点をもち続けていれば、家族の歴史や自分の子どもの頃の話を聞くことができるからです。

また、**親と接することで、自分自身への理解も深まります。**

それに、子どもの頃に芽生えた親に対する敵意や、白か黒かという単純な決めつけを、いつまでも引きずっていなくて済むでしょう。

成長とともに、あなたが自分や他者を新たな角度からとらえられるようになれば、モノクロだった親のイメージも微妙な色合いを帯びてくるはずです。

あなたが親をどうとらえ、どう理解するかは、自己理解と密接に関連しています。親に対して昔のままのイメージを引きずり続けている限り、自分自身への理解も深まらないのです。

エクササイズ

その関係を終わらせていいか考えてみる

あなたが、特定の人間関係を終わらせることにしたとしても、もう少し、その理由を考えてみましょう

どんな理由で、相手と別れようと思いましたか？

・その人と会わなくなることで、あなたは人として成長するチャンスを失わないでしょうか？
・関係を終わらせる以外に、見落としている選択肢はありませんか？
・あなたの選択は、自分自身を守るため、という健全で正当な判断に基づくものですか？

まとめ

関係を終わらせることにした理由について考える

ある人との関係を終わらせたり、接触を減らしたりするという判断が、妥当な場合もあれば、そうではない場合もあります。相手と適度な距離を保ちながら付き合うことが望ましい場合や傷ついた本心を相手に伝えたほうがいい場合であっても、ばっさり関係を絶ってしまうほうが、むしろ楽だと思うかもしれません。

でも、**最も手軽な解決策が、長期的に最善の解決策になるとは限らない**のです。関係を終わらせることはできても、その先も相手があなたにとって意味をもち続けるという事実は動かせません。意識的に、相手のことを考えないようにしたり、感じないようにしたりすることも不可能です。

相手との関係があまりにもつらくて苦しい場合、あるいは精神的、身体的暴力が絡んでいる場合には、**二度と会わないようにする**のが、おそらくは最善の解決策です。もちろん、別れを決心するのはたやすいことではないかもしれません。勇気が要ることでしょう。あるいは、暴力が一度きりのことであって常習的なものでなければ、その人と**ある程度の接触を保ち続ける**ほうが妥当だという場合もあります。

第13章

きちんと別れを告げる

「ありがとう」を伝える

丁寧な葬儀が喪失の悲しみを乗り越えやすくしてくれるように、**大切だった人との関係をきちんと終わらせることには、心の重荷を下ろして、次の一歩を踏み出しやすくする、**という効果があります。

当事者双方にとって、苦労のわりに報われない関係だとすれば、別れることに異論はないはずです。それぞれが1人になったほうがうまくいくのではないかと思っているでしょう。

そうかと思えば、こちらは終わりにしようと決めていても、相手は別れたくない、という人間関係もあります。

あなたと相手のどちらに関係解消の原因があるにせよ、きちんとしたかたちで関係を終わらせることができれば、その先、どちらの人生もよりよいものになる可能性は高くなります。

ところが、現実には、あまりにも多くの人が、別れたあとに悲しみや困惑や自己批判の気持ちを引きずっています。

よい別れになるかどうかは、**「ありがとう」**のフレーズにかかっています。

2人のあいだのポジティブなできごとや、相手があなたを支えてくれたときのこと、人生を豊かにしてくれたときのことを思い出してみてください。

あなたが感謝を伝えれば、相手も優しい言葉を返してくれるでしょう。そうすれば、互いに心の重荷から解放されるはずです。

あなたが別れを決めたわけでもなく、相手に対して失望や悲しみをため込んでいるとしたら、その人にかけるべき優しい言葉はなかなか浮かんでこないかもしれません。むしろ、相手をののしってやりたいくらいだったりします。

たとえそうだとしても、なんとかして、ポジティブなできごとを思い出すことはできないでしょうか。がんばってみるだけの価値はあるのです。

1人で無理なら、友人の助けを借りてもいいでしょう。

この先、自分自身と相手に対して、むしろポジティブな気持ちをもって生きていきたければ、どうか、**相手の罪悪感が和らぐような言葉をかけてください。**

そうやって相手の人生に大きく貢献するのです。

たとえばこんな手紙を書いた人たちもいます。

あなたはもう私と会いたくないのね。私は別れたくないけど、しかたがないのかしら。

あなたと出会えてよかったと思っているわ。あなたが別れを選んだことは、とても悲しいけど、心配しないでね。いつまでもあなたを思って泣き暮らしたりしないから。

今は姉さんに慰めてもらっているけど、そのうち、出会い系サイトにでもプロフィールをアップするつもりよ。

ソフィより

いろいろ考えて、僕はあなたとはもう会わないことにした。今の僕は自分と向き合う必要があるんだ。

あなたとはつらい思いもしたけど、悪いことばかりじゃなかった。あなたがいたから僕は成長したし、それでよかったと思ってる。

今まであなたもけっして楽じゃなかっただろう。

どうか幸せになってほしい。お元気で。

ラスムスより

ポジティブに生きるために、心のケアをする

最後にもう一度だけ顔を合わせて、きちんと別れを告げたほうがいい人間関係もあります。ただし、双方がともに冷静でいることが必要です。どちらかが感情を抑えきれず、慰めを求めて泣き叫ぶ子どものようになっては困るのです。

顔を合わせてきちんと別れを告げるためには、両者が冷静すぎるくらい冷静でなければなりません。

互いに相手を思いやる気持ちを保っていないと、自己弁護に夢中になって相手

を傷つけてしまう恐れがあります。そうなれば、きちんと別れを告げるどころではありません。

もし顔を合わせる自信がなければ、心のこもった別れの手紙を書くほうがいいでしょう。

さらに、**自分のためにちょっとした別れの儀式を決めて、都合のよいときに何度でも実践してみてはどうでしょうか。**別れた直後は、正面から取り組めないかもしれませんが、数週間、数カ月経ってから、また実践してみると、より深い味わいが感じられるようになります。

この儀式には、たとえばこんな方法があります。

- 別れた人の写真を用意する
- その人を連想させる音楽をかける
- その人との思い出の品を取り出す

・その人のためにキャンドルを灯す
・写真に向かって「さようなら」と「ありがとう」を言う
・その人に宛てた別れの手紙を読む

もしあなたが自分の親に別れを告げようとしていて、感謝したいことなど何も見つからないとしたら、次のような便利な言葉があるので、使ってみてください。

「私の人生にかかわってくれてありがとう。これからは、あなたが与えてくれた人生をよりよいものにするために、私はあなたから自分を守ることにします」

※ドリス・エリザベス・フィッシャーの著書『Unravel Entanglements with Love』の一節（50頁）にヒントを得た。

別れを告げる際に友だちに立ち会ってもらうと、さらに好都合です。その友だちに、のちのち悲しい胸のうちを聞いてもらうことができるからです。

別れたことで、もちろん、あなたはほっとしていることでしょう。でも、たとえあなたから決めた別れだとしても、悲しみがまったく残らないわけではありません。

どんな人間関係にも何かしらよい面があり、それを**失ったことへの悲しみには、相応の手当てが必要**なのです。

先述の別れの儀式をやっていると、ほっとして涙が出てくることがあります。そんなときには、壁に相手の写真を貼って、毎日「さようなら」を言ってみましょう。やがて悲しみが癒えて、人生の新たな章を始めようという気持ちになるまで続けてください。

写真を前にすると安堵の涙が出てくるというより、むしろ緊張したり、動揺したりするという場合は、まだ正面から別れの儀式に取り組む用意ができていないということです。

別れたばかりで正面から儀式に取り組めないとしたら、しばらくしてから再度挑戦してみてください。最初のときより、楽に取り組めるようになるでしょう。

それでも、もし別れたことに疑問を感じ始めるとしたら、専門家の助けが必要なのかもしれません。

エクササイズ

「別れ」に向き合う

感謝したいことを思い出しましょう

その人と過ごした楽しい時間に目を向けて、何か感謝の気持ちを伝えたくなるようなことはなかったか、思い出してください。

感謝したいことは、どんなことですか？

相手に感謝を伝えましょう

きちんと別れを告げられるように、そして、感謝の気持ちを伝え合い、互いに幸せを祈れるように、相手と顔を合わせる機会をつくってください。

それができなければ、心のこもった別れの手紙を送りましょう。

別れの儀式を実践してみましょう

まとめ

きちんと別れを告げる

自分から別れを選んでおいて、いざ別れてみると、悲しみの大きさに打ちひしがれる人がいます。その一方で、別れたことで、驚くほど心が軽くなる人もいます。

別れる際には、**きちんと「さようなら」を告げる**ことが必要です。双方が別れを乗り越えて、次の関係を始められるようになるかどうかは、別れ方にかかっています。

第 14 章

気持ちよく別れる

新たな関係を大切にするために、きちんと和解する

あなたがさっさと関係を終わらせて、歩き出したくても、**まずは相手と和解しておく**べきです。

許すという気持ちをもてないまま別れてしまうと、次に出会う誰かとの関係も同じように悩みの種になりやすいのです。

ゆくゆく新たな関係を大切にして、さらに深めていきたいなら、今の相手との許しと和解が重要になってきます。

過去の相手を責めない

たとえば、相手に浮気されたにせよ、虐待されたにせよ、見捨てられたにせよ、あなたはその経験を思い出すたびに、いまだに怒りを覚えるかもしれません。感情は、やがて別の何かに変わる日まで、厳然としてそこにあり続けるでしょう。

でも、**怒りの感情をもちながら、相手を許す**ことは可能なのです。

では、具体的にどのように「許す」のか、事例を見てみましょう。

私は、あなたがしたことを、いまだに正しいとは思っていません。でも、そのことであなたを十分、非難しました。だから、次にまた「これは問題だ」と思うようなことが起きない限り、この話はもう持ち出さないことにします。

子どもの頃、あなたにもっと面倒を見てほしかったけれど、過去のことはど

うしようもありません。あなたはできる限りのことをしたのでしょう。だから、もう、私は前を向いて歩いていくことにします。そして、この先、それぞれが楽しく人生を歩むためには、どうすればいいかを考えたいと思います。

許すことは、**過去の相手を責めるのをやめて、新たな可能性に目を向けること**です。自分のなかでいまだに怒りを感じていても、その人に歩み寄って、一緒に何かをしてみると、そのうちに打ち解けてきて、話ができるようになったり、より深い付き合いができるようになったりします。

あるいは、**今後は会わないつもりでも、許しや和解を表明しておくことは、お互いの心の平和にとって、大きな意義があります。**いくつか事例を見てみましょう。

僕は君と付き合っていくことに意味を感じられなくなった。でも、これだけは知っておいてほしい。2人のあいだにいろいろあったおかげで、僕は人間として成長できたんだ。僕とケンカしたことを、君はもう気に病んでいないといいのだが。お互いにかなりつらい思いをしたけど、それぞれにベストを尽くしたと思う。君のこれからの人生が幸せであることを願っているよ。

イェンスより

あなたが私ともう会わないと決断をしたことを残念に思います。私抜きであなたの人生がうまくいくなんてこと、母さんにはどうしても理解できないのです。

でも、きっとあなたには何が最善かわかっているのでしょう。あなたに縁を切ると言われてから、私なりにいろいろ考えました。おかげで賢くもなったし、多くを学んだつもりです。あなたはいつもこうと決めたら、行動に移してきましたね。その決断力には驚くばかりです。独りで歩いていくという勇気ある決断をしたあなたのこと、私は誇りに思っています。

いつか、あなたやあなたの子どもたちが私に会いたいと思ってくれたら、どんなにうれしいでしょう。そのことを忘れないでください。たとえ会えなくても、みんなが元気で暮らせるように祈っています。私のことは心配しないで。あなたと会えないのは悲しいけれど、友だちもいるし、毎日、忙しいから、大丈夫よ。愛をこめて。

母より

許しを求めるなら、相手の感情に寄り添う

あなたが相手に許しを求める立場であるなら、**相手には相手の感情があることを認めなければなりません。**

その人に向かって「あなたは、もう十分、怒ったでしょう」などと言うのではなく、「私に対して、きっとあなたは複雑な感情を抱いているでしょう。ポジティブな感情をもってもらえるように、私にできることはないですか？　あなたを傷つけてしまったことを深く反省しています。どうしたら償えるでしょう？　この状態を打開するために、一緒に何かしませんか？」と言うべきなのです。

ときには謝罪をあきらめる

一方が他方からの謝罪にこだわるあまり、関係が終了する、という場合があります。もしあなたが相手に謝ってもらいたいけれど、それが難しいのだとすれば、**要求するのをあきらめてみる**のはどうでしょうか。

あなたの相手はふだんから謝罪の言葉を口にしない人ではありませんか？　その人が誰かに謝っているところを、あなたは見たことがありますか？　もしないとすれば、その人はきっと謝ることが苦手なのです。

そういう相手から無理やり謝罪してもらおうとするのは、魚市場で靴を買おうとするようなものです。エネルギーの無駄以外の何ものでもありません。

相手があなたの求めるような優しさと柔軟性を持ち合わせている人だったら、より強い絆を結べたでしょうが、そうではないのですから、**この程度、と割り切って付き合えばいい**のです。

行き詰まったときには視点を変える

相手の謝罪にこだわるあまり、泥沼にはまっているという場合は、視点を変えることが役立つかもしれません。たとえば、相手に何かを台無しにされたとか、失望させられたとか、邪魔をされたと感じているなら、**自分自身を振り返ってみる**のです。

あなたは誰かの大切なものをこわしてしまったことはありませんか？　そういうとき、もちろん故意にやったわけではないのに、つい頭に血が上って、あるいは、いつもの悪い癖で、ものごとを客観的に見ることができなくなったのではないでしょうか？

もしかすると、あなたを邪魔したり、失望させたりした人は、子どもの頃に同じような経験をしたのかもしれません。そう考えれば、相手に対するあなたの見方も変わってくるはずです。自分がその人に対して思いやりや共感をもてるかどうか確かめてみてください。

たとえば、こんなふうに心のなかでつぶやいてみるといいでしょう。

「この人は謝るのが苦手なんだな。そういう心の弱い人には、こちらが優しくなってあげよう」

「この人は、心のどこかに子どもの頃から傷ついたままの自分を抱えているみたいだ。こちらが謝れば、お互い、前に進めそうだ」

「私のほうが賢明で、精神的に健全で強いのだから、弱い相手にはこちらが折れてあげよう」

ただし、あなたが和解しようとしている相手が、精神的、身体的に暴力をふるう人だとすれば、その人の内なる子ども（幼少期から引きずっている記憶や心情、価値観など）や無力感ばかりに目を向けることは、不幸な結果を招きかねません。あなたは、**その人とのあいだにきちんと境界線を引く**べきであり、どのような暴力も許してはならないのです。

一方、暴力は絡んでいないけれど、関係をより健全なものにしようというなら、相手のなかの内なる子どもや傷つきやすい部分に目を向けることには意味があります。

私たちは、往々にして、対立している相手のことを実態より過剰にとらえて、ものすごく怒っていて危険な人物だと思い込みがちです。そういう偏りを修正するために、**相手のなかの弱さに気づく**ことは重要なのです。

エクササイズ

相手を許す

相手を許す用意ができていますか?

たとえ、まだネガティブな感情が残っているとしても、重要なのは、「相手を罰するのはもうやめよう」という意志や「ポジティブな面に目を向けよう」という意志があるかどうかです。

視点を変えてみましょう

あなたが相手に対する見方、あるいは、2人のあいだに起きたことへの見方を変えることによって、行き詰まった状態を解決できないでしょうか。考えてみてください。

和解のために、あなたには何ができそうですか?

まとめ

気持ちよく別れる

許すことは、忘れることでも、怒りを消すことでもありません。記憶や怒りは無理やり心から追い出せるものではないからです。**許すこととは、相手に傷つけられたにもかかわらず、その人に何かを与えることです。**

相手に傷つけられたことにいまだに怒りを覚えていて、昨日のことのように覚えているとしても、相手を許すことは可能なのです。

二度と会わない相手であっても、なんらかの和解の言葉を伝えておくと、その先のお互いの幸せに絶大な効果を及ぼします。

エピローグ

思いやりを忘れないで

さて、あなたは、課題を感じていた人間関係をがんばって維持することにしましたか？　それとも手放すことしましたか？

今までの人生で親密になった人たちは、それぞれが私たちにとって忘れがたい記憶を刻んできたはずです。ですから、1つの人間関係を見直して仲直りするにしても、相手にきちんと別れを告げて気持ちを整理し、心の戸棚に収めるにしても、必ず得るものはあるのです。

私たちは、相手の願いを想像し、「自分が相手なら何を思うだろうか」と考えてみることはできます。しかし相手を完全に理解することはけっしてできないのです。私の好きな言葉に、こんなものがあります。

人にはそれぞれ他人には知りえない闘いがある。
だから人には思いやりをもちなさい。どんなときも。

――ジョン・ワトソン（イギリスの牧師・作家、１８５０～１９０７年）

あなたは、うまくいかなくなった人間関係をやり直すためにがんばってみるつもりですか？　それとも相手と一線を画すことに決めましたか？　あるいは、きっぱり終わらせて、新たなスタートを切ることにしますか？

どんな決断を相手に伝えるにせよ、どうか思いやりを忘れないでください。

謝辞

心理セラピスト、デンマーク心理療法協会会員、神学修士であり、数々の名著の著者でもあるベント・ファルク氏に心よりお礼を申し上げます。私が人として、心理の専門家として成長できたのは、ファルク氏のおかげです。

心理学修士であり、亡くなられるまでゲシュタルト分析研究所の所長を務められたニルス・ホフマイアー氏にも、長年、大変お世話になりました。ありがとうございました。

私の原稿を読み込んで、フィードバックをくださった皆さんにも感謝しています。エレン・ボルト、マルギット・クリスティアンセン、ニルス・ダム、クリスティーネ・グロントヴェッド、リーネ・クルンプ・ホルステッド、アスガー・ホイヤー、マルティン・ハーストルップ、ヤーネ・キップ、マルギット・キンダル、ティナ・パウルセン、キルスティーネ・サン、ペーター・サン、クヌッド・エリック・アンデルセン、皆さんはそれぞれこの本に寄与してくださいました。どうもありがとう。

特定の相手を思い浮かべながら、以下の質問を読んで、自分の考えと一致していると思う項目に☑マークを入れてください。これは漠然とした人間関係全般に関するテストではありません。「彼」あるいは「彼女」という特定の人物に対して、あなたがどれくらいかかわりをもつ準備ができているかを測るためのものです。

14	もし相手が、心理療法士を交えて、2人の関係について話し合いたいというなら、私は出かけてもいいと思っている。	☐
15	私はこの本をよく読んで、自分に必要なエクササイズには、たとえ抵抗や嫌悪を感じても取り組むつもりだ。	☐
16	もし相手が私に物足りなさを感じているなら、もっと自分に自信をもてるように、そして自己主張できるように、自己啓発セミナーや心理療法士、コーチのセッションを受けてもいいと思っている。	☐
17	2人のあいだのできごとをめぐって、相手が自分とは違うとらえ方をしているとしても、私は、それはそれとして認めるつもりだ。	☐
18	2人のあいだのできごとをめぐって、自分なりの思いはあるが、関係修復につながるなら、私はその言い分を胸にしまっておいてもいいと思っている。	☐
19	もし私と相手が専門の療法士や仲裁者に会いに行って、その結果、私にはセラピーが必要と診断されたなら、病気の治療なり、好ましくない行動の改善なりのために、心理療法士やカウンセラーのセッションを受けてもいい。	☐
20	私は、たとえ心もとない気分になろうと、相手に拒絶されようと、自分の心の一番弱い部分をさらけ出し、相手に対するポジティブな気持ちを明かしてもいいと思っている。	☐
21	もし相手が私を退屈だと思っているなら、たとえば、新たな趣味を見つけるとか、何かの講座を受けるとか、旅行に行くとかして、刺激的な話題を増やそうと思う。	☐
22	もし必要であれば、私は自分の本心を偽ってでも、相手のことをもう怒っていないとか、尊敬しているとか、愛しているとか言おうと思う。	☐
23	相手が私に非があるというなら、たとえ自分ではそう思わなくても、謝る用意がある。	☐
24	たとえ内心では違うと思っても、自分は相手と同じことを考えていると言う用意がある。	☐
25	私には、たとえ嘘をついてでも、相手の考えに合わせる用意がある。たとえば、相手が「上司が間違っている」と考えているなら、内心、上司は悪くないと思っていても、相手に同調するだろう。	☐
26	相手に好きになってもらえるなら、たとえ違和感があっても、自分を変える努力をしようと思う。	☐

自己診断テスト

相手とかかわる準備はどれくらいできていますか？

1	もし私がその人と対話を始めるなら、まず相手に謝罪してもらう必要がある。	▢
2	もし私がその人と対話を始めるなら、相手が私に向き合うことに積極的だと示す必要がある。たとえば、私に花束を贈るなど、何らかの誠意を見せるべきだ。	▢
3	もし私が相手に心を開くとすれば、過ちを繰り返さないという相手の約束が必要だ。	▢
4	もし相手からの働きかけがあれば、私は2人の関係の問題点はどこかを書面で話し合うつもりだ。	▢
5	もし相手が提案してくるなら、今すぐか、近いうちに話し合いをもってもかまわない。	▢
6	私はその人との関係を修復するために、自分から働きかけようかと考えている。	▢
7	私はいつか自分から相手に働きかけようと決めている。	▢
8	私は、関係を修復するために、1カ月以内に相手に働きかけるつもりだ。	▢
9	私は、たとえ自分にとって楽しいことではなくても、相手の不満や本心に耳を傾けるつもりだ。	▢
10	もし相手が問題について話したくないなら、その代わりに、「一緒に何か楽しいことをしよう」と提案してもいいと思っている。	▢
11	私には、険悪な仲になってしまったことを謝る用意がある。	▢
12	私は喜んで自分の過ちを認めるつもりだ。	▢
13	私は、相手にとって大切なものごとについて、努力して知識を深めたいと思っている。	▢

採点方法

グループ	項目			
1	1－3	各0点×	問＝	点
2	4－8	各1点×	問＝	点
3	9－12	各2点×	問＝	点
4	13－21	各3点×	問＝	点
5	22－26	各0点×	問＝	点

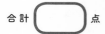

合計　　　　点

☑マークを入れた項目の点数を合計してください。その合計点があなたの今の状態を示しています。0点から40点のあいだのいずれかになるはずです。たとえば、項目1、2、4、5、11に☑を入れた場合、0＋0＋1＋1＋2で、合計は4点になります。

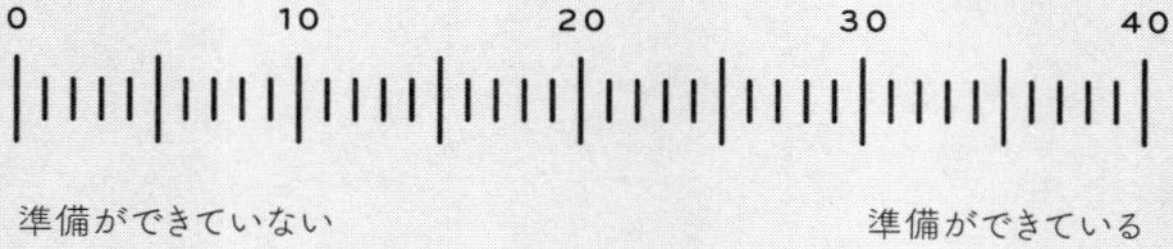

合計点を目盛りの所定の位置に書き込みましょう。その目盛りの位置が、相手とかかわるための準備がどれくらいできているかを示しています。あなたは診断結果に満足していますか？　それとも、目盛りの位置を変えるために努力したいですか？

診断結果

診断結果には正解も不正解もありません。高得点を取ることが目的ではないからです。あなたが「相手からの謝罪や、過ちを繰り返さないという保証がないうちは、関係改善に取り組む勇気も自信ももてない」と感じているなら、それはそれで正当なことなのです。

診断結果は、特定の相手との関係に対して自分自身の考えを振り返り、自分が相手とどこまでかかわれるのか、かかわりたいのかを考えるためのきっかけにしてください。

かなり高い得点が出た場合

相手を思いやる気持ちも、関係を改善しようという意欲も、高い状態です。たとえ相手があまり積極的でなくても、あなたの願いが実現する可能性はおおいにあります。

かなり低い得点が出た場合

相手にかかわろうという意欲は、あまり高くありません。あるいは、相手に対して不安があるのでしょう。したがって、よほどの運か、相手の側の思いやりがないかぎり、関係が修復されることはないでしょう。

（次のページに続きます）

グループ5（項目22－26）に☑マークをつけた場合

グループ5のうち1つでも☑マークを入れたとすれば、あなたは相手を恋しいと思うあまり、自分の気持ちや考えを偽ってでも関係を維持しようとしています。もしかして、あなたは、幼い頃にも、自分の養育者に対して同じことをしていたのではないでしょうか？

子どもは養育者がいなければ生きていけません。したがって、その養育者の言うことにはなんでも「イエス」と答えてしまいがちです。相手の注意を引き、注目され続けるためであれば、自分の本心をいくらでも偽ろうとするのです。それは、命綱を離すまいという意志の表れなのですが、ときにはそれが高じて、自分が悪くなくても、相手の言うままに非を認めてしまうことさえあります。

あくまでも関係が修復されるまでの一時的な措置としてなら、相手に譲歩するのもいいでしょう。けれども、相手に合わせるのが習慣になってしまうのは、お互いにとって健全ではありません。そういう場合は、心理療法士やカウンセラーに会うことをお勧めします。その人との関係のどこが問題なのか、はっきり見えてくるでしょう。不健全な人間関係を続けていると、のちのち不安や抑うつ、燃え尽きといった大きな代償を払うことにもなりかねません。そうならないように、くれぐれも注意してください。

参考文献

『我と汝・対話』マルティン・ブーバー、みすず書房（2014年）

David-Nielsen, Marianne og Nini Leick:
Healing Pain: Attachment, Loss, and Grief Therapy. Routledge, 1991

Falk, Bent:
Honest Dialogue. Presence, common sense, and boundaries when you want to help someone. Jessica Kingsley Publishers, 2017

Doris Elisabeth Fisher:
Unravel Entanglements with love. Forlaget Familieopstiller, 2018

『NVC 人と人との関係にいのちを吹き込む法』
マーシャル・B・ローゼンバーグ、日本経済新聞出版社（2018年）

『心がつながるのが怖い――愛と自己防衛』
イルセ・サン、ディスカヴァー・トゥエンティワン（2017年）

Sand, Ilse: Tools for Helpful Souls. Jessica Kingsley Publishers, 2017

『鈍感な世界に生きる敏感な人たち』
イルセ・サン、ディスカヴァー・トゥエンティワン（2016年）

Sand, Ilse:
The Emotional Compass: How to Think Better about Your Feelings.
Jessica Kingsley Publishers, 2016

Sand, Ilse:
On Being an Introvert or Highly Sensitive Person – a guide to boundaries, joy, and meaning. Jessica Kingsley Publishers, 2018

Yalom, I. D.（1980）:
Existential Psychotherapy. New York, NY: Basic Books.

思い出すと心がざわつく　こわれた関係のなおし方

発行日　2020年2月25日　第1刷

Author　イルセ・サン

Translator　浦谷計子
Illustrator　水元さきの
Book Designer　小口翔平＋岩永香穂＋大城ひかり（tobufune）

Publication　株式会社ディスカヴァー・トゥエンティワン
〒102-0093　東京都千代田区平河町2-16-1 平河町森タワー11F
TEL　03-3237-8321（代表）03-3237-8345（営業）
FAX　03-3237-8323　http://www.d21.co.jp

Publisher　谷口奈緒美
Editor　大山聡子　安永姫菜

Publishing Company
蛯原昇　千葉正幸　梅本翔太　古矢薫　青木翔平　岩﨑麻衣　大竹朝子
小木曽礼丈　小田孝文　小山怜那　川島理　木下智尋　越野志絵良
佐竹祐哉　佐藤淳基　佐藤昌幸　直林実咲　橋本莉奈　原典宏　廣内悠理
三角真穂　宮田有利子　渡辺基志　井澤徳子　俵敬子　藤井かおり
藤井多穂子　町田加奈子　丸山香織

Digital Commerce Company
谷口奈緒美　飯田智樹　安永智洋　岡本典子　早水真吾　磯部隆
伊東佑真　倉田華　榊原僚　佐々木玲奈　佐藤サラ圭　庄司知世
杉田彰子　高橋雛乃　辰巳佳衣　谷中卓　中島俊平　西川なつか
野﨑竜海　野中保奈美　林拓馬　林秀樹　牧野類　松石悠　三谷祐一
三輪真也　中澤泰宏　王廳　倉次みのり　滝口景太郎

Business Solution Company
蛯原昇　志摩晃司　瀧俊樹　野村美紀　藤田浩芳

Business Platform Group
大星多聞　小関勝則　堀部直人　小田木もも　斎藤悠人　山中麻吏
福田章平　伊藤香　葛目美枝子　鈴木洋子　畑野衣見

Company Design Group
松原史与志　井筒浩　井上竜之介　岡村浩明　奥田千晶　田中亜紀
福永友紀　山田諭志　池田望　石光まゆ子　石橋佐知子　川本寛子
宮崎陽子

Proofreader　文字工房燦光
DTP　株式会社RUHIA
Printing　シナノ印刷株式会社

ISBN978-4-7993-2588-9